KB274294

이미 넌,
위대한 생존자

이미 넌, 위대한 생존자

진화의학자 닥터 로빈이 전해 주는 행복과 성공의 원리

초판 1쇄 펴낸날 2013년 7월 5일
초판 2쇄 펴낸날 2013년 8월 10일

지은이 권용철
펴낸이 조영혜
펴낸곳 동녘라이프

전무 정락윤
주간 곽종구
책임편집 이정신
편집 구형민 윤현아 조유나 현의영
미술 조하늘 고영선
영업 김진규 조현수
관리 서숙희 장하나 김영옥

원고 진행 이혜경 **교정교열** 한정희
인쇄 새한문화사 **제본** 세진제책 **라미네이팅** 북웨어 **종이** 한서지업사

등록 제311-2003-14호 1997년 1월 29일
주소 (413-756) 경기도 파주시 문발동 파주출판도시 532-5
전화 영업 031-955-3000 편집 031-955-3004 **전송** 031-955-3009
블로그 www.dongnyok.com **전자우편** life@dongnyok.com

ISBN 978-89-90514-65-3 13320

• 잘못 만들어진 책은 바꿔 드립니다.
• 책값은 뒤표지에 쓰여 있습니다.
• 이 도서의 국립중앙도서관 출판시도서목록(CIP)은 e-CIP홈페이지(http://www.nl.go.kr/ecip)와
  국가자료공동목록시스템(http://www.nl.go.kr/kolisnet)에서 이용하실 수 있습니다.
  (CIP제어번호: CIP2013009751)

이미 넌, 위대한 생존자

진화의학자
닥터 로빈이 전해 주는
행복과 성공의 원리

권용철 지음

차례

YOU

YOU

우리는 이미
'성공 DNA'를 가지고 있다

'어떻게 하면 세상을 잘살 수 있을까?'

이 질문은 모두의 관심사며 잘살고 싶은 바람을 담은 질문이기도 하다. 이러한 바람에 맞춰 수많은 전략들이 소개되고 있다. 재테크, 경영 노하우, 자기 계발, 선거, 입시에 이르기까지 그와 관련한 수많은 전략들이 책을 비롯해 다양한 매체를 통해 쏟아져 나오고 있는 것이다. 이러한 현상은 역으로 말하면 사실 이렇다 할 뾰족한 수가 없다는 뜻이기도 하다.

이제는 수많은 방법 속에서 갈팡질팡하는 것보다 세상을 제대로 바라볼 수 있도록 두 눈을 부릅뜨는 것이 필요해 보인다.

내가 책을 쓰기로 마음먹은 이유는 길을 찾는 많은 사람들에게 어떤 방법을 제시하기 위해서가 아니다. 감고 있는 눈을 바로 뜨고 누구에게나 있는 내면의 성공 DNA를 찾아내, 자신의 길을 스스로 발견하는 것이 중요하다는 것을 말해주고 싶기 때문이다. 농구가 유망한 직종이라고 해서 키도 작고 허약한 몸을 가진 사람이 꿈만 가지고 열심히만 하면 마이클 조던 같은 세계적 선수가 될 수 있을까?

　　살아남은 모든 생명체에는 최소한 한 가지 이상의 성공 DNA가 있다. 그렇지 않았다면 이미 멸종했을 것이다. 자연은 사회적으로 유망한 직업에만 매달리지 말고 자신만의 성공 DNA를 발견하라고 가르치고 있다.

　　수십억 년 넘도록 멸종의 위기를 피해 진화해온 생명체들은 어떠한 방법으로 혹독한 환경에 적응해왔을까?

　　냉혹한 자연환경에서 살아남은 생명체들을 관찰하면서 그들에게 일정한 규칙이 있다는 것을 알게 되었다. 그것은 바로 그들이 생존하는 방법에서 찾아볼 수 있다. 이러한 사실을 발견한 것은 아주 특별한 경험이었다.

　　의학을 공부하면서 특히 비만에 대해서 관심이 많았다. 많은 사람들이 비만 때문에 고민하고, 그러면서도 다이어트에 실패하는 것을 보고는 점점 의문을 가지게 되었다.

　　'사람들은 왜 이렇게 살이 찔까?'

　　수많은 사람들이 살이 빠지기를 원하고 있었다. 그 이유도 다양했다. 어떤 사람들은 아름다운 몸매를 만들어 좀 더 매력적으로 보이기를 원했고, 또 어떤 사람들은 건강을 위해 다이어트를 했다. 이유는 달랐지만, 공통점은 있었다. 여러 차례 다이어트를 시도하지만 대부분의 사람들이 실패를 거듭한다는 사실이었다. 그리고 대부분의 사람들이 실패의 책임을 개인의 의지 부족에 돌렸다. 즉 자기 관리가 부족해서라는 말이다. 하지만 내 생각은 다르다. 의지 부족이 실패의 원인이라는 분석은 안일하다.

다이어트에 성공하기 위한 조건들을 보자. 엄격한 식단과 강도 높은 운동, 말이 쉽지 그대로 실천하며 살기엔 너무 어렵다. 큰 병에 걸려 위험한 상황이 아니면 평소에는 실천하기 힘든 조건들이다. 나 역시 환자분들에게 다이어트 성공을 위한 가이드라인을 주면서 솔직히 마음속으로는 정말 어렵겠다는 생각을 했다. 처방을 해주는 나 스스로에게도 실천이 어려울 것으로 보이는 조건을 환자들에게 요구한다는 것은 사실 어처구니없는 일이기도 하다. 때때로 환자분들 중에는 어떻게 이렇게까지 할 수 있냐고 항의를 하기도 한다. 이때 단칼에 반박할 수 있는 무기가 있다. 바로 의지가 약하다고 면박을 주는 것이다. 목표를 달성하지 못한 환자에게 다른 환자의 성공 사례를 보여주면서 "성공하지 못한 것은 당신의 의지가 약해서입니다."라고만 말하면 되니 얼마나 쉬운 방법인가.

그렇게 힘들여 다이어트를 하는 환자들을 보면서 이러한 생각을 하기 시작했다.

'살이 찐 다음 빼려고 고생하지 말고 찌지 않도록 하면 될 텐데 왜 못 그러는 걸까?'

'살이 찌면 어떤 힘든 과정을 거쳐서라도 빼고 싶어 하면서 사람들은 왜 자신에게 필요도 없는 칼로리를 섭취할까?'

비만 관련 공부를 깊이 할수록 이러한 의문은 더 강해졌다.

하루의 활동량을 고려해서 우리 몸에 필요한 칼로리가 2,500킬로칼로리면 그만큼만 먹으면 될 텐데 왜 그보다 훨씬 더 많은 칼로리를 먹는 걸까? 활동으로 소비되지 않는 칼로리는 당연히 지방으로 축적되어 살이 된다. 필요한 것보다 더 많이 먹는 행위는 경제적이지 않은 행위다.

도대체 왜 우리는 이러한 비효율적이고 건강하지 않은 행위를 하는 것일까?

이것은 단순히 육체적 다이어트에만 해당되는 의문이 아니다. 우리의 삶 여기저기, 불필요한 살들이 있다. 삶을 들여다보면 필요 이상으로 많은 것들이, 그래서 그 무게를 지탱하기 위해 또 더 많은 무엇인가를 욕구해야 하는 일들이 많다.

왜 우리는 너무 많이 가지려 하는 걸까?

정신없이 바쁜 일정을 보내면서도 내 마음속에는 뭔가 꼭 짚어 말할 수 없는 어떤 물음표 같은 것이 계속해서 떠돌았다.

그러던 중 어느 날이었다. 미국에서 공부할 때였다. 우연히 지인의 손에 이끌려 작은 모임에 참석하게 되었다. 그리고 그 모임을 계기로 나의 삶이 바뀌었다. 세상을 바라보는 나의 시각이 바뀐 것이다.

그 모임에서 나는 처음으로 진화의학에 대한 강의를 듣게 되었다. 그때 모임에서 강의를 한 선생님은 그렇게 유명한 분은 아니었다. 하지만 그분의 강의는 나를 완전히 사로잡았다. 그 강의는 이전까지 한 번도 들어보지 못한 아주 새로운 내용이었다.

진화에 관한 강의라 해서 처음에는 내가 알고 있던 진화론에 관한 내용이라 생각했다. 하지만 아니었다. 진화론에 대한 이야기가 아니라 자연의 생명체들에 대한 이야기였다. 나는 강의를 들으면서 어쩌면 이러한 시각의 진화의학이 인체에 대한 의학적인 숙제들을 해결할 수도 있을 것이라는 막연한 희망을 갖게 되었다. 전혀 예상하지 못한 뜻밖의 경험이었다.

그 강의 이후로 나의 관심은 온통 진화의학에 쏠려 있었다. 자연과 적응, 생물학, 인류학 등에 관해 다시 흥미를 가지기 시작하며 파고들기 시작했다. 진화의학에 대한 공부는 이렇게 시작되었다. 사실 그 당시만 해도 나는 진화라는 것을 기독교의 창조론에 반대하는 이론쯤으로 치부하고 있었고, 진화의학은 특정 학자들만 연구하는 특수 학문이라고 알고 있었다. 하지만 그것은 오해였다. 진화의학이야말로 지구상에 살아 있는 모든 생명체들의 진정한 본질을 탐구하는 학문이라는 확신이 들기 시작했다. 그러나 당시 진화의학은 미국에서조차 새로운 장르였으며 정규 과목도 아니었다.

진화의학 분야에서 가장 앞서 있는 미국에서도 아직까지 진화의학을 체계적으로 가르치고 연구하는 학과는 없다. 미국뿐만 아니라 세계 어디에서도 아직 정규 과목으로 채택되어 있지 않다. 현실이 이렇다 보니 자료를 구하기도 어려웠고, 강의를 들을 수 있는 기회도 많지 않았다. 나는 진화의학을 연구하는 학자가 있으면 며칠이 걸리더라도 달려가 만났고, 강연을 듣고 질문하며, 관련 자료를 찾아보는 등 그 어느 때보다 열심히 공부했다.

지금의 진화의학은 당시에 비하면 상당히 체계가 잘 잡혀 있는 편이다. 하지만 우리나라에서 진화의학을 전공하는 의사를 아직까지 만나보지는 못했다. 여전히 진화의학이 낯선 분야라는 의미다. 하지만 최근에 유전자지도가 완성되고부터는 꽤 힘을 얻기 시작했다. 인간의 특성이 단일염기SNP의 차이에 의해서도 다르게 나타난다는 것이 밝혀지면서 이러한 차이를 나타나게 하는 환경과 유전자와의 관계에 관심을 갖게 된 것이다.

현대인들의 삶을 자세히 들여다보면, 오랜 세월 동안 자연환경과의 관계 속에서 형성된 유전자의 특성과는 너무나 어긋난

생활을 하고 있다. 우리 유전자가 해결할 수 없는 물질을 섭취하고, 해결할 수 없는 방법으로 생활함으로써 수많은 새로운 질병이 발생하고 있는 것이 현실이다.

하지만 아무리 환경이 바뀌어도 스스로를 지키려는 본능은 사라지지 않았다. 표현되는 양상과 나타나는 과정은 다를지언정 생존하고자 하는 유전자는 우리 속에 여전히 존재하고 있다. 그렇기 때문에 균형을 잃은 현대인들의 생활이 오랫동안 누적되자 우리는 본능적으로 위험을 느끼기 시작했다. 그에 따라 우리가 겪고 있는 다양한 문제들을 근원부터 다시 보아야 한다는 생각이 커졌고, 자연스럽게 진화의학에 대한 관심도 확대되고 있다.

45억여 년의 역사를 가진 지구에서 도태되거나 멸종하지 않고 살아남은 생명체들을 조사하면서 그들의 생존 방법에 어떠한 공통된 특징이 있다는 것을 알 수 있었다. 도대체 왜 어떤 생명체는 사라지고 어떤 생명체는 살아남는지 그 이유와 그 속의 규칙을 배운다는 것은 매우 흥미로운 일이었다. 여기에는 사람이라고 예외가 될 수 없었다.

어떤 사람은 이 세상에서 적응하지 못하고 사라지고, 어떤 사람은 세상의 주인공으로 살아가고 있다. 어떤 사람은 좋은 짝을 만나고, 어떤 사람은 짝을 찾지 못해 애를 태우며 외롭게 산다. 왜 그렇게 되는지 상황을 들여다보고 그 원인을 찾을 수 있다는 것은 내게 큰 축복과도 같았다.

세상에 있는 수많은 생명체들이 어떻게 살아남는지를 알아가면서 아주 중요한 사실을 발견할 수 있었다. 생존에 성공한 생명체들이 뭔가 잘나고 똑똑해서 또는 특별한 것이 있어서 살아남는 것이 아니라는 비밀을 알게 된 것이다. 그러한 사실은 자연이 말해주고 있었다.

나는 진화를 공부하면서 비로소 내 길을 찾았다. 이제야 하고 싶은 일을 하고 사는 것이다. 여기까지 오기 위해 너무 멀리 돌아서 왔다. 길을 찾는 데 꽤 많은 시간을 소비한 것이다. 책을 쓰기로 마음먹은 것은 이러한 이유에서였다. 다음 세대들이 나와 같은 시행착오를 조금이라도 덜 겪기를 바라면서 자연이 우리에게 알려주는 비밀을 소개하고자 한다.

세상은 사람들에게 꿈을 가지라고, 성공하라고 말한다. 꿈을 갖고 열심히 노력하면 그것을 이룰 수 있다고, 성공하지 못한 것은 더 열심히 하지 않았기 때문이라고 몰아붙인다. 정말 그런 걸까? 열심히만 하면 꿈을 이룰 수 있는 걸까?

주변을 둘러보면 정작 자신의 길을 찾지 못해 노력을 하고 싶어도 하지 못하거나, 자신의 길이 아닌 다른 길에서 에너지를 낭비하는 애먼 사람들이 너무 많다. 더구나 요즘은 꿈을 이루기 위해서가 아니라 생존을 위한 최소한의 방법도 찾기 힘든 상황이다. 이러한 현실을 반영해 성공에 관한 수많은 서적과 정보가 홍수를 이루고 있다. 많은 사람들이 자신들의 경험을 바탕으로 성공에 대한 방법을 제시하고 있다. 그런데 그 방법이 다른 이들에게도 적용될 수 있을까?

나는 지금 그 수많은 방법에 또 하나의 방법을 더 보태려고 하는 것이 아니다. 방법을 가르치려고 하는 것은 더더욱 아니다. 나는 그런 능력이 있는 사람이 아니다. 단지 45억 년 동안 지구에서 살아온 수많은 생명체들이 어떻게 살아가는지 그 법칙들을 소개하고 싶을 뿐이다. 한마디로 말하자면, 자연에서 살아남은 생명체들을 통해 우리도 사회에서 성공적으로 살아남는 법을 배울 수 있지 않을까 하는 생각에서 글을 쓰기 시작한 것이다.

이러한 용기를 낸 근거는 나 자신이 이러한 방법으로 나의 꿈을 찾는 데 성공했기 때문이다. 자연은 무조건 열심히만 하면 된다고 말하지 않는다. 노력으로만 성공하는 것이 아니라고 말한다. 이 사실을 증명하기 위해 나는 그동안 경험과 지식이 없었던 분야의 사업에 뛰어들어 성공으로 이끌 수 있었다.

이 책에서는 다양한 생명체들이 어떠한 방법으로 이 척박한 환경 속에서 살아남을 수 있었는지를 알려주고, 거기에서 한 걸음 더 나아가 세상이 돌아가는 원리를 소개했다.

아무런 규칙 없이 그냥 돌아가는 것처럼 보이지만 세상은 어떤 원리에 의해 아주 정교히 돌아간다. 다만 그 원리가 우리 눈에 보이지 않을 뿐이다. 세상이 돌아가는 원리를 이해한다면, 지금 세상에서 일어나고 있는 일들이 어떻게 해서 왜 일어나고 있는지 이해할 수 있을 것이다. 그리고 우리 스스로 성공적이고 행복한 삶을 살 수 있는 방법을 찾아낼 것이다. 또한 세상을 볼 수 있는 능력을 어떻게 키울 수 있는지, 그 방법도 소개했다.

책을 쓰는 동안 내내 기뻤다. 한 명이라도 더 많은 청춘들이 자연을 통해 세상을 보는 능력을 기르고 그 능력으로 스스로의 길을 찾아 성공할 수 있기를 바란다. 또한 이 책을 읽는 독자들이 우리는 존재하는 그 자체로 이미 위대한 생존자라는 사실과 우리 모두는 이미 행복과 성공의 DNA를 가지고 있음을 기억하기를 바란다. 그리하여 잠들어 있는 능력을 끄집어내 자신의 길을 가기를 소망한다.

2013년 6월

권 용 철

45억 년 동안 간직해온 비밀

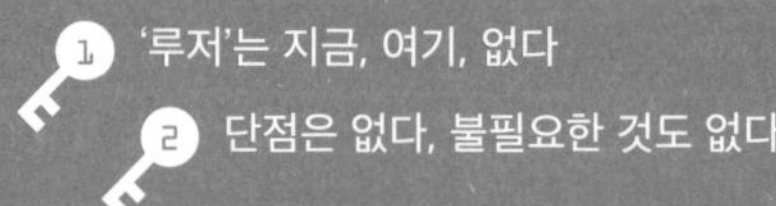

'루저'는 지금,
여기, 없다

공룡은 사라지고
다람쥐는 살아남았다

동물원에 가서 멋지고 희귀한 동물들을 다 제쳐두고 굳이 다람쥐를 관찰하는 사람은 없을 것이다. 하지만 동물원에 가면 꼭 다람쥐를 찾아 자세히 관찰해보기를 바란다. 산에서도 가끔 다람쥐를 마주치기는 하지만 산속의 다람쥐는 매우 빠르게 달아나버려 우리가 좀처럼 볼 수 없는 장면이 있다. 바로 다람쥐가 땅을 파고 있는 모습이다.

다람쥐는 아직도 동물원에서 땅을 파고 있다. 고양이처럼 배설물을 덮기 위한 것도 아니고, 그저 재미있는 놀이도 아니다.

다람쥐는 작은 덩치에 겁도 많고 약한 존재다. 당연히 혹독한 자연환경에서 살아가기가 쉽지 않은 생명체다. 그럼에도 지금까지 살아남아 우리 눈앞에 존재하고 있다. 그런데 동물원의 다람쥐는 왜 땅을 파는 것일까? 주식인 도토리를 묻기 위해서다. 놀이가 아니라 살아가는 중요한 행위인 것이다. 그렇다면 다람쥐는 도토리를 왜 땅에 묻을까?

원래 다람쥐는 대단히 용감하고 사납고 먹이 사냥도 잘하는 생명체였다고 한다. 아주 먼 옛날에는 먹이경쟁에서 지지 않는 용감한 유전자를 가진 다람쥐들이 주류를 이루고 있었다. 늘 그렇듯 이러한 주류가 있다면 그렇지 못한 구성원들도 존재하기 마련이다. 주류 다람쥐에 비해 덩치가 작고, 소심하고, 용기도 없어서 동료들과 당당히 경쟁하며 먹이 사냥하는 것을 잘하지 못하는 다람쥐도 있었다. 소위 말해 '루저'인 것이다.

이 '겁쟁이' 다람쥐는 용감한 다람쥐들의 경쟁에 끼어들지 못하고 뒷전에 밀려나 있다가 우연히 자신 앞으로 굴러온 도토리를 차지하게 되면 얼른 땅을 파 묻는다. 도토리를 구했다고 그 자리에서 먹다 보면 다른 용감한 다람쥐에게 그마저 뺏길 것이 뻔하다. 그렇기 때문에 얼른 땅속에 파묻고 그 위에 나뭇가지나 풀잎을 덮어 위장한 후 집으로 돌아온다. 다른 동료들한테 들켜 뺏길지도 모른다는 두려움이 배고픔을 참게 하는 것이다.

그러고 나서 며칠이나 몇 주가 지난 후에 다람쥐는 자신이 도토리를 묻어둔 장소에 나타나 다른 동료가 없다는 것을 확인한 후 다시 땅을 파서 먹이를 꺼내 먹는다. 여기까지는 특이할 만한 점이 보이지 않는다. 그런데 시간이 흐를수록 아주 재미있는 일이 벌어진다. 동료들과의 먹이경쟁에서 늘 성공해 도토리를 많이 구할 수 있었던 덩치 크고 용감한 다람쥐들의 수가 점점 줄어들고 급기야 지구상에서 사라지게 된 것이다. 도대체 다람쥐 세계에 어떤 일이 일어난 것일까?

생도토리를 씹어보면 떫은맛이 느껴진다. 도토리의 성분 중 '탄닌'이라는 성분 때문에 생기는 맛이다. 감을 먹었을 때 나는 떫은맛도 같은 성분 때문이다. 원래 이 탄닌은 도토리가 다른 종의 먹잇감이 되지 않도록 스스로 만든 독이다. 자신을 방어하는 전략으로 독을 만든 것이다. 그렇기 때문에 도토리는 대부분의 동물에게 해로우며 사람에게도 마찬가지다. 떫은 감을 먹으면 체하기도 하고, 장에 '위석'이 생겨 수술을 해야 하는 것

도 바로 이 탄닌 때문이다. 우리가 웬만하면 떫은 감이나 생도
토리를 먹지 않는 이유다.

지구상의 어떤 민족도 생도토리를 그냥 먹는 민족은 없다.
동양에서는 묵을 해서 먹고, 북미 지역의 인디언 피마족은 사막
에 묻어놓고 그 땡볕 속에서 며칠 동안 발효시킨 후 먹는다. 이
것을 피마족의 '도토리 먹기Acorn eating habits'라고 한다. 피마족은
오랜 경험을 통해 생도토리가 몸에 유해하다는 것을 알았기 때
문이다.

이렇듯 사람에게도 해로운데 하물며 덩치가 매우 작은 다람
쥐는 어떨까? 다람쥐가 해독할 수 있는 탄닌은 8밀리그램 정도
라고 한다. 그런데 도토리 한 개에 포함된 탄닌이 9밀리그램이
라고 하니 한 개를 먹어도 치사량이 되는 것이다.

이제 답이 나올 것이다. 용감하고 건강한 다람쥐들은 생도
토리를 많이 먹었기 때문에 체내에 탄닌이 쌓여 사망하게 되었
다. 그 결과 지구상에서 이들의 숫자는 점점 줄어들었고 급기야
멸종하게 된 것이다. 반면에 동료들과의 싸움에서 질 수밖에 없
어 먹이를 잘 구하지 못했던 다람쥐는 동료들의 눈을 피해 도토
리를 땅속에 숨겼고, 얼마간 방치해두는 동안 도토리는 숙성되
어서 발효가 되었다. 그 결과 겁쟁이 다람쥐는 탄닌으로부터 안
전할 수 있었다. 소심한 다람쥐가 살아남을 수 있었던 것이다.

우리가 지금 동물원에서 볼 수 있는 다람쥐와 산속에서 우
연히 만나 기쁨의 탄성을 지르게 하는 다람쥐들 모두는 겁이 많
아 당당하게 먹이를 구하지도 못하고 겨우 먹이를 구해도 배고

품을 참고 땅에 묻어야 했던 바로 그 유전자를 가지고 있는 다람쥐들이다. 동물원에서 먹이를 충분히 공급해주기 때문에 먹이경쟁을 할 필요가 없는데도 계속해서 도토리를 땅에 묻는 이유는 그러한 특성으로 다람쥐가 살아남았기 때문이다. 바로 그 유전자가 다람쥐의 생존을 이제까지 가능하게 한 것이다.

이 이야기가 우리에게 알려주고자 하는 건 무엇일까? 그것이 지구 45억 년의 비밀이다.

지금 우리 눈앞에 존재하는 다람쥐는 루저인가? 먼 과거에 무리에서 열등한 것들로 여겨졌던, 먹이 사냥에서 늘 패배했던 다람쥐들의 후손을 루저라고 해도 되는 걸까? 당연히 우리 눈앞의 다람쥐는 루저가 아니다. 겁 많고 나약했던 다람쥐들의 유전자가 결국은 지구상에 살아남아 지금 여기 존재하기 때문이다. 덩치 크고 다른 동물들을 벌벌 떨게 한 포식자 공룡은 멸종했는데 말이다.

이러한 일은 자연에서는 너무나 '자연스러운' 것이다. 자연의 진실을 외면하고 살 만큼 복잡하고 혼란스러워진 현대에 사는 우리가 다시 살펴보고 기억해야 할 자연의 법칙이자 지구가 간직해온 비밀, 곧 생존의 열쇠인 것이다.

겁쟁이 물고기가
장수한다

제임스 딘, 1950년대 단 세 편의 영화에 출연하고 24세라는 나이에 요절했지만 반세기가 지난 지금까지도 반항과 자유의 대명사로 전설이 된 인물이다.

제임스 딘은 젊음, 자유 그리고 고뇌 그 자체로 인식되었다. 시대의 반항아인 그를 당시의 청춘들만이 아니라 21세기의 청춘들도 한번쯤은 닮고 싶어 한다. 익숙한 기존의 질서를 거스르고 벗어나고자 하는 욕구는 무엇보다 위험한 결과를 초래할 수 있는데, 그렇기 때문에 더욱 강렬하고 매력 있게 느껴질 것이다.

영화 〈이유 없는 반항〉에서 제임스 딘이 연기한 짐 스타크는 자신을 '치킨(겁쟁이)'이라고 놀리는 버즈라는 싸움꾼과 '치킨 게임'을 한다. 원래 치킨 게임은 차량 두 대가 서로 마주하며 달리다가 먼저 핸들을 꺾는 사람이 겁쟁이로 찍히는 것인데, 〈이유 없는 반항〉에서는 다소 변형된 치킨 게임을 치른다. 차 두 대가 같은 지점에서 동시에 출발해 낭떠러지로 돌진하다가 먼저 차에서 탈출하는 쪽을 치킨으로 규정한 것이다. 젊음의 에너지가 무모함으로 이어진 사례라 하겠다.

결국 버즈는 옷이 문에 끼어 미처 차에서 빠져나오지 못해 차와 함께 절벽으로 떨어져 목숨을 잃는다. 사건은 짐 스타크의 친구 플라토의 죽음으로까지 이어진다. 둘은 서로를 위안하고 마음을 터놓는 유일한 친구였지만 영원한 이별을 맞은 것이다.

치킨 게임을 하기 전, 짐 스타크는 평소 자신을 겁쟁이라 생각하며 못마땅해하던 아버지에게 다음과 같이 묻는다.

"명예를 지켜야 하는 중요한 일인데 그것이 정말 위험한 일이라면 어쩌죠?"

짐의 아버지는 평소의 우유부단한 성격대로 분명한 대답 대신 신중한 결정을 하라는 말만 한다.

우연이겠지만, 영화배우 제임스 딘을 죽음으로 몰고 간 것은 고속도로에서의 교통사고였다. 물론, 내가 지금 영화 이야기나 제임스 딘이란 배우에 대해 얘기하려는 것은 아니다.

여기서 잠시 다른 이야기를 해보겠다.

송사리 목에 속하는 거피라는 작은 물고기가 있는데 몸집이 암컷은 약 6센티미터, 수컷은 약 3센티미터 정도다. 이 물고기 중에는 용감한 녀석이 있는 반면 겁 많은 녀석도 있다. 용감한 녀석과 겁 많은 녀석 중 누가 더 생존에 유리할지를 알아본 실험 결과를 보자. 조그마한 자극에도 소스라치게 놀라는 거피와 보통의 자극에는 아주 대범하게 대응하는 거피를 나누어서 따로 어항에 넣은 다음 각 어항에 거피를 잡아먹는 배스라는 물고기를 넣었다. 그리고 어느 쪽 어항의 거피가 더 많이 살아남는지를 알아보았다.

결과는 일반적인 추측과 달랐다. 의외로 용감한 거피가 더 잘 살아남을 것이라는 예상을 깨고 겁 많은 거피가 잡아먹히지 않고 오래도록 살아남은 것이다.

이유는 무엇일까? 간단하다. 겁 많은 거피는 배스의 작은 움직임에도 아주 예민하게 반응하며 이리저리 피해 다녔지만, 겁 없는 거피는 배스의 움직임에 상관없이 용감하게 계속 먹이만 먹고 있었던 것이다. 당연히 용감한 거피는 배스의 사냥감이 되었다.

이 실험이 우리에게 의미하는 것은 다음과 같다. '불안이란 감정은 위험을 피하는 데 오히려 유리하게 작용한다.' 그것이 오랜 시간 동안 지구라는 행성의 생명체들에게 적용되어온 것이다.

만약 토끼가 아주 용감해서 주위 경계를 게을리하며 늑대가 나타나는지 살피지 않고 오로지 풀만 뜯는 데 집중했다면 쉽게 늑대의 먹잇감이 되었을 것이다. 그러니까 늑대의 출현을 겁내지 않았다면 살아남기는 어려웠을 것이라는 말이다. 우리가 지금 겁 많은 토끼를 볼 수 있는 이유는 겁 없는 토끼는 멸종했고 불안을 느끼는 유전자를 가진 토끼가 오래 살아남았기 때문이다.

이 사실은 살아남은 존재는 모두 이유가 있다는, 가장 기본적이면서도 우리가 잘 알지 못하고 있는 중요한 비밀을 알려준다.

이제 사람들이 왜 불안해하는지 감이 잡혔을 것이다. 바로 '불안 유전자'가 있는 사람이 생존하기에 훨씬 유리했기 때문이다. 불안을 감지하는 능력이 세상에 적응하고 살아남는 데 꼭 필요하기 때문에 지금도 불안 유전자가 계속 전달되고 있는 것이다. 지금 살아남은 사람들은 불안 유전자를 가진, 즉 겁이 많은 사람들의 후손이다.

우리가 여기서 알아야 할 것은, 불안 인자는 열등한 자들에게나 있는 가치 없고 불필요한 것이 아니라 생존력이 강한 자들이 가지고 있는 또 다른 무기라는 점이다. 위험을 느끼고 조심하고 경계하는 불안 유전자 때문에 우리는 생존하고 있기 때문이다. 위험한 행동을 하지 않는 것, 위험 상황에 대처해서 조심하는 사람을 겁쟁이라고 하지는 않는다.

영화 속 주인공처럼 겁내는 것은 수치라며 용감하게 보이려고 무모하게 위험한 일을 저지르고 있는 우리들은 어떠한가?

앞에서 제임스 딘과 그의 영화 〈이유 없는 반항〉을 언급한 것은 불안 유전자에 대해 얘기하고자 했기 때문이다. 치킨 게임이나 자동차 사고로 죽은 배우 때문만이 아니다. 열정 넘치는 청춘들은 그 영화나 제임스 딘처럼, 더 정확하게는 목숨을 잃을지도 모를 만큼 위험한 줄 알면서도 어떤 일에 뛰어드는 만용을 용기로 여기고는 있지 않을까 하는 우려 때문에 무모한 청춘의 일례를 든 것이었다.

불안 유전자가 생존에 유리하다는 증거는 우리 생활 속에서도 쉽게 찾아볼 수 있다. 몇 가지 사례들을 더 살펴보자.

우리가 접하는 뉴스들의 대부분은 미담 사례보다 좋지 않은 내용들이 훨씬 더 많다. 사망 사고 소식, 유괴 범죄 소식, 사기극이나 화재 소식, 교통사고 소식, 천재지변에 관한 소식 등 불안을 자극하는 뉴스가 대부분이다. 뉴스에 나오는 내용들만 생각하면 사회는 안전과는 거리가 한참 멀어 보인다.

그런데 들려줄 미담이 없어서 이러한 뉴스만 내보내는 걸까? 그렇지 않다. 왜 미담이 없겠는가? 세상에는 훌륭한 사람들도 많고 가슴 훈훈해지는 따뜻한 이야기들도 정말 많다. 단지 뉴스에서 이러한 소식들을 상대적으로 별로 다루지 않아 알려지지 않을 뿐이다. 미담보다는 자극적이고 불안을 조성하는 내용들이 사람들의 관심을 더 많이 끈다는 사실을 방송국 관계자들이 아는 것이다. 바로 우리가 갖고 있는 불안 인자 때문이다.

사람들이 불안한 이야기에 더 관심을 가지는 이유는, 불안에 관심을 가지는 유전자가 위험에 더 잘 대비해 살아남는 데 더 유리했기 때문이다. 불안한 것에 관심을 갖지 않는 사람들은 대부분 위험에 관해 대처하지 않는다.

우리 내부에는 불안에 귀 기울이도록 하는 유전자가 살아남아 있다. 불안이라는 본능은 인간만이 아니라 모든 종들이 가지고 있다. 불안이 쓸모없는 유전자였다면 이미 오래전에 없어졌을 것이다. 지금까지 이 유전자가 남아 있는 이유는 생존에 꼭 필요하기 때문이다. 결국 불안 유전자가 생존의 필수요소라는 것을 우리는 알 수 있다. 45억 년 동안 진화를 해오면서 불편한 것들은 도태가 되었기 때문이다.

우리에게 있는 불안이 본능이라는 증거는 우리의 일상 여기저기에 숨어 있다. 인간의 본성을 이용한 마케팅은 대부분 성공하는데, 불안 심리를 이용한 마케팅도 그에 해당한다. 그중 대표적인 것이 건강 관련 제품 광고다. 마치 그 제품을 복용하지 않으면 머지않아 암이나 심각한 어떤 질병에 걸려 큰 고생을 하거나 죽을지도 모른다는 불안을 느끼게끔 광고를 한다. 어린이 안전에 관련된 제품 역시 마찬가지다. 어린이 안전을 위협하는 요소와 제품들을 나열함으로써 불안을 느끼게 하고 자사의 제품을 사용하면 안전하다는 내용을 어필한다. 부모의 입장에서는 그 광고를 무심히 지나치는 게 결코 쉽지 않다. 먹을거리 광고도 마찬가지다. 수많은 제품들이 우리의 불안 심리를 자극하는 마케팅으로 판매고를 높인다.

그뿐만이 아니다. 불안 심리를 이용한 정치적 이벤트도 있다. 불안을 자극하는 정치 구호가 난무하는 이유다. 세상을 바꾸지 않고 이대로 두면 곧 나라가 망할 것처럼 이야기한다. 지금 세상은 위기에 처해 있고 이대로 뒀다간 큰일이 난다고 한다. 그리고 해결은 정치인 자신과 소속 당만이 할 수 있다고 주장한다. 그런데 신기하게도 이러한 구호가 먹히고 효과를 발휘한다. 사실 여부를 떠나 사람들은 구호가 주는 불안감 때문에 그들이 원하는 대로 움직이게 되는 것이다.

많은 경영인들도 이러한 위기감을 고조시켜 직원들을 결집시키고 대비하게 한다. 회사가 위기 상황이니 직원들이 희생하지 않으면 회사의 존립 자체가 어려워진다는 위기감으로 정당한 권리 주장을 못하게 하는 경우도 있다. 또한 일부 종교에서도 불안감을 조성하고, 거기에 대한 해결책을 제시하는 방법으로 우리의 본성을 이용한다.

점집에서 앞으로 일어날 불행한 일들을 예고하며 일단 공포감을 주는 것도 이에 해당한다. 생각보다 많은 사람들이 미신에 불과하다고 생각하며 무시하려고 해도 불안 유전자가 이미 작동

되었기 때문에 결국 부적을 쓰라든지 굿을 하라든지 하는 말을 따르고 만다.

미신에 관해 옳고 그름을 얘기하는 게 아니다. '보이스 피싱'도 마찬가지다. 어떻게 그런 사기에 속을까 싶지만, 당한 사람들을 어리석다고 비웃던 사람들 중에도 똑같은 일을 당한 사람들이 적지 않다. 막상 전화를 받는 순간 멍해지고 아무런 생각을 할 수 없는 이유가 바로 불안 유전자가 과하게 작동해 이성적 판단이 어려워지기 때문이다.

여기서 우리가 기억해야 할 점은 자연이 우리에게 알려주는 비밀의 참뜻이다. 불안 유전자가 나약하고 열등한 존재들이 가지는 취약점이 아니기 때문에, 따라서 버려야 할 점도 아니라는 것이다. 오히려 그것은 살아남기 위한 본능으로 작용해왔다. 진실이 무엇이든 그것을 어떻게 바라보고 우리의 삶에 어떻게 적용할 것인가 하는 부분은 진실의 존재 여부와는 다른 차원의 문제다.

나는 우리가 느끼는 불안이 숨겨야 하는 취약점이 아니라는 것, 생존의 비밀 인자 중 하나라는 점을 자연이 알려주는 대로 우리가 알았으면 한다.

노파심에 한 가지 더 말하고 싶다.

생존 본능의 불안 인자를 넘어서는 불안도 있다. 알랭 드 보통의 《불안》이라는 책을 예로 들 수 있는데, 작가는 책 속에서 '불안'을 현대인들과 매우 밀접한 개념으로 해부한다. 그는 우리의 삶이 불안을 떨쳐내고 새로운 불안을 맞아들이고, 또 다시 그것을 떨쳐내는 과정의 연속이라고 보았다. 그리고 일상 속에서 겪는 다양한 종류의 불안 중 사회적 지위와 관련된 불안을 집중적으로 탐구했다.

자연이 말해주는 생존 본능의 불안과 알랭 드 보통이 파헤치는 불안은 다르다. 알랭 드 보통의 책에서 추적하는 불안은 경제적 성취 정도에 의해, 즉 돈을 얼마나 벌었느냐에 따라 자연스럽게 지위가 구분되기 시작한 시기부터 생겨난 새로운 불안이다. 이러한 불안은 알랭 드 보통의 말을 빌리면, '내가 나를 어떻게 보느냐'가 아니라, '세상이 나를 어떻게 보느냐'와 관계되어 있다.

그러한 불안은 사랑 결핍, 속물근성, 기대, 능력주의, 불확실성 등에 의해 커지는데, 자연이 말하는 생존 본능의 불안과 다르다. 진화의학이 말하는 불안과 분명히 차별화해야 할 불안이며, 그러한 불안은 '이너프enough 철학'에서 다시 생각해볼 필요가 있다. 이미 충분한데 끝없이 원하고 채우고 싶어 하기에 생기는 불안이기 때문이다.

우리가 직시해야 할 것은 생존을 위한 불안 유전자가 열등한 사람의 특징이 아니라 그 반대로 살아남은 사람의 특징이라는 점이다.

한 가지, 불안과 걱정은 다르다는 것을 분명히 기억해야 한다. 불안 인자는 위험을 감지하고 대비하게 하지만 걱정은 자신감을 약화시킬 뿐이다. 걱정하지 말고, 불안을 느끼면 왜 불안한지, 불안을 줄이려면 무엇을 해야 하는지를 살펴봐야 한다.

결혼도 꺼리던 유전병 집안,
유럽의 귀족이 되다

1340년대 유럽 전역을 휩쓸고 간 전염병은 약 2,500만 명의 목숨을 빼앗아갔다. 유럽 인구의 약 30퍼센트에 달하는 희생자를 냄으로써 사회 구조를 붕괴시킬 정도로 큰 영향을 끼친 그 전염병은 바로 흑사병이다.

당시 흑사병으로 사망한 유럽인들의 수는 대량살상 무기가 개발된 현재로서도 상상할 수 없을 정도의 규모다. 흑사병 전염의 원인에 대해서는 아직까지 의견이 분분하고 여러 가지 설이 있다. 그중 가장 신빙성이 있는 설은 중국에서 출발한 우마차가 유럽으로 들어올 때 우마차에 숨어 있던 쥐들도 같이 들어왔는데, 그 쥐들한테 기생하던 페스트균이 전 유럽으로 퍼져나갔다는 설이다. 흑사병은 이른바 쥐벼룩이 옮기는 병인 것이다.

유럽 전체 인구의 삼분의 일이 사망했으니 그야말로 지옥이자 대재앙이었다. 더 이상 피해가 확산되는 것을 막기 위해 많은 방법들이 동원되었지만 뾰족한 수는 없었다. 그러다 흑사병으로 사망한 시체들을 모아 불로 태워 확산을 줄이려는 계획을 세우게 되었다. 그런데 문제가 있었다. 누가 그 일을 수행하느냐의 문제였다. 전염병을 옮기는 시체들을 모으는 일에 목숨을 걸고 나설 사람은 없었다.

결국 하층민들에게 그 일이 맡겨졌다. 지금이나 그때나 위험하고 궂은일을 힘없는 약자들에게 떠맡기는 것은 마찬가지였다. 그 일을 하게 된 사람들은 주로 유전병을 가지고 있는 집안의 사람들로, 천대받고 결혼도 하기 힘들었으며 사회적으로 거의 격리되던 사람들이었다.

그렇게 따돌림을 당하던 그들이 시체를 태우는 일에 동원되었고 그들의 노력에 의해 흑사병의 기세가 서서히 꺾이기 시작했다. 그런데 한 가지 신기한 점이 있었다. 전염병 균이 득실득실한 시체를 수거하고 태우는 일을 하는데도 그 사람들은 병에 걸리지 않았다. 왜 그 사람들은 병에 걸리지 않는지 당시에는 이유를 알 수 없었다. 한 가지 분명한 사실은 그들의 대부분이 유전병을 앓고 있는 것이었다. 나중에 밝혀진 사실이지만 그 사람들이 앓고 있는 유전병은 혈색소침착증이었다.

시간이 흐른 뒤, 의학계에서는 그들이 혈색소침착증이라는 병 때문에 오히려 살아남을 수 있었고 그로 인해 사회적 역할이 더 커졌다는 사실을 밝혀냈다.

혈색소침착증이라는 유전병은 철분이 너무 많아 몸의 각종 장기에 침착되어 끝내 사망하는 병이다. 헤모글로빈을 구성하는 중요 성분으로서 산소와 결합하는 요소인 철분은 생명체에 매우 중요한 것이다. 산소가 필요한 모든 생명체들에는 호흡을 통해서 얻어진 산소가 각 장기까지 운반되어야 한다. 철분이 산소와 결합해 운송하는 역할을 한다. 일례로 철을 공기 중에 두면 산소와 쉽게 반응해서 벌겋게 변한다. 우리가 '녹슬다.'라고 표현하는 현상이다.

우리 인체 역시 철분이 산소와 결합해 우리 몸 구석구석에 산소를 공급해주는 것을 반복함으로써 살아간다. 사람뿐만 아니라 거의 모든 생명체가 이러한 메커니즘을 가지고 있다. 이러한 측면에서 보면 생명체는 철분 경쟁을 벌이고 있다고 해야 할 것이다. 철을 얼마나 많이 획득하는가는 생존을 결정지을 수 있는 중요한 요건이 되기 때문이다. 그런데 아이러니하게도 균의 입장에서도 철분을 많이 가지고 있는 개체가 공격 대상이 된다. 균이 생존하기 위해서는 철분이 많은 개체가 철분 확보에 더 유리하기 때문이다. 앞에서 언급한 흑사병균도 똑같은 방식으로 행동한다. 철분이 풍부한 사람이 먼저 공격의 대상이 되어 희생양이 되는 것이다.

다시 혈색소침착증에 대해 살펴보자. 혈색소침착증은 철분이 언제나 부족하다고 인식되는 유전병이다. 그래서 혈색소침착증 환자는 몸속에 철분을 계속 쌓아둔다. 정상적으로는 여분의 철분이 생기면 즉시 대식세포라는 청소 세포가 처리를 해버린다. 그래서 우리 몸은 언제나 일정한 농도의 철분을 유지하고 있는 것이다. 대식세포는 과도한 철분의 청소뿐 아니라 외부에서 침입한 균을 청소하는 역할도 한다.

그런데 이 혈색소침착증은 실제로는 철분이 굉장히 많은데도 항상 철이 부족하다고 여기고 대식세포가 여분의 철분을 먹어 치우지 않는다. 자연히 우리 몸은 철분 과잉 상태가 되고 반대로 대식세포는 언제나 철분이 없는 상태가 된다. 얼핏 생각해보면 이러한 유전병을 가진 사람은 철분이 아주 많기 때문에 흑사병균의 첫 번째 공격 대상이 될 것으로 보인다. 하지만 결과는 정반대다. 흑사병균이 혈색소침착증을 앓고 있는 사람을 공격해 침입하면 대식세포가 제일 먼저 이상한 이물질(흑사병균)을 먹어 치운다. 이렇게 먹힌 흑사병균은 정상적인 상황이라면 대식세포에 먼저 먹혀버린 철분을 먹이로 사용하여 활발히 자신의 영역을 넓히기 시작할 것이다. 바로 병균이 몸속에 확산되고 맹위를 떨치게 되는 과정이다.

그런데 혈색소침착증의 경우는 대식세포가 철분을 수거하지 않는 상태기 때문에 대식세포 안에는 철분이 전혀 없다. 따라서 대식세포 안의 철분을 먹고 살아야 하는 흑사병균이 더 이상 생존이 불가능해 죽어버리는 것이다. 이것이 혈색소침착증 환자가 흑사병에 걸리지 않았던 이유다. 정상적인 사람 같으면 대식세포 안에 철분이 가득 있어서 페스트균이 활발하게 활동할 수 있다. 결국 그 사람은 생명을 잃게 되는 것이다.

흑사병이 도는 동안 혈색소침착증 환자들은 살아남을 수 있었고, 모두가 두려워하며 몸을 사릴 때 그들은 오히려 적극적으로 일할 기회가 훨씬 많았다. 그러한 과정에서 그들은 새로운 영역을 마련해나갔고 시간이 흐르자 기피의 대상이 아니라 부러움의 대상이 되었다. 그들이 각광을 받게 된 것이다. 지금 유럽 인구 중에는 꽤 많은 사람들이 혈색소침착증을 앓고 있고, 그들 중에 성공한 사람들이 많은 이유다.

역사를 보거나 주변을 둘러봐도 결점을 장점으로 승화시켜 멋지게 사는 사람은 얼마든지 찾아볼 수 있다.

어렸을 때부터 몸이 약했던 세종대왕은 무기력하게 있는 대신 열심히 학문을 갈고닦았다. 형들이 사냥을 나가거나 무예를 익히는 동안 몸이 약해 함께하지 못하는 자신을 비관할 법도 하지만 오히려 방 안에서 책을 읽으며 학문의 깊이를 더했고, 결국은 온 백성이 존경하는 어진 왕이 되었다. 그리고 한글을 창조해 지금까지도 우리 민족의 큰 빛으로 존경받고 있다.

스티븐 호킹 박사는 대학원에서 박사 과정을 밟고 있던 22세에 온몸이 점점 굳어가는 루게릭병에 걸렸다. 그는 1~2년 안에 사망한다는 진단을 받고도 생을 포기하지 않았다. 그의 학문 인생은 오히려 루게릭병 발병 이후부터 시작되었다. 휠체어에 앉아 누군가의 도움을 받아야 하는 상황이 그에게 오히려 더 많은 시간을 확보해주었다. 세계적인 우주물리학자로 거듭난 그는 보편적으로 결점이라 치부되는 것들이 결코 우리의 인생을 흔들어놓을 수 없다는 것을 보여준다.

어렸을 때는 말도 잘 못하고, 상습적인 지각에, 물건 정리도 잘하지 못하고, 성적도 하위권이던 학교 부적응자 처칠은 커서는 대영제국의 리더십 강한 수상이 되었다.

이외에도 결점을 활용해 스스로 자신의 인생을 개척해나간 인물은 많다. 이러한 현상은 자연의 시각으로 보면 결코 특수한 경우가 아니다. 자연은 불필요한 결점을 갖고 있지 않다. 다만 우리는 그것의 쓰임을 모르고 결점이라고 부르며 극복할 대상으로 생각할 뿐이다. 살아 있는 우리 모두는 저마다 어떤 특징을 갖고 있고, 그것이 어떤 것이든 우리 인생을 원하는 대로 완성해 나갈 수 있다.

별 볼 일 없는 나,
성공할 수 있을까?

우리가 흔히 듣는 말 중에 '개천에서 용 난다.'는 말이 있다. 21세기 들어 그 힘이 약화되기는 했지만 여전히 그 말이 지니는 압박감은 적지 않다. 자신이 처한 환경이나 능력이 어떻든 간에 최선을 다하면 성공할 수 있으니 핑계 대지 말고 열심히 살라는 뜻을 강조하기 위해 인용되는 이 말은 사회나 부모의 기대치에 미치지 못하는 사람들에게는 '듣기 좋은 꽃노래도 한두 번인 것'처럼 부담스럽다.

가난한 집안에서 어렵게 공부해 명문대에 들어가고 엘리트 대열에 당당히 입성해 성공을 거두는 이야기들이 우리에게 용기와 희망을 주는 것도 사실이다. 텔레비전에서도 인간 승리를 주제로 하는 이야기들을 끊임없이 보여주고, 가정과 학교 그리고 사회에서도 그런 사람들을 본받으라고 교육하고 있다. '여건은 중요하지 않다, 노력이 중요하다, 꿈을 가지고 열심히 하면 누구나 성공할 수 있다.' 사회에서 강조하는 메시지들이다. 물론 좌절에 빠진 어떤 사람이 이러한 메시지에 마음을 고쳐먹고 성공하는 경우도 있을 것이다. 하지만 내가 하려는 얘기의 핵심은 '열심히'가 아니라 '무엇을'에 있다.

2004년이었을 것이다. 한 책이 큰 반향을 일으킨 적이 있다. 《공부가 제일 쉬웠어요》라는 책이다. 이전에 출간되었다가 내용을 업그레이드해 다시 출간한 책인데 솔직히 학생들뿐만 아니라 많은 사람들이 눈살을 찌푸릴 만한 제목이었다. 이후 책의 저자는 크게 부각되었다. 저자는 고등학교 졸업 후에 가정 형편이 너무 어려워 대학 진학을 못했다. 그는 포클레인 조수, 가스 배달, 공사장 막노동, 택시 기사 등 온갖 직업을 전전했다. 그런 와중에도 틈틈이 공부해 5년 만에 서울대 인문계열에 수석 합격하고 2003년 45회 사법시험에 합격해 법조인이 되었다.

처음 책이 나왔을 때가 서울대에 합격한 후인 1996년이었는데 솔직히 말해 나 같은 보통 사람들에겐 힘 빠지게 하는 내용이었고, 그 책 때문에 당시 많은 학생들이 구박덩이가 되었다는 농담이 나돌았다. 당시의 부모들은 이 책의 저자를 자녀와 견주어 저렇게 어려운 환경 속에서도 악착스레 공부해 서울대에 입학하는데 너는 더 좋은 가정환경에서 오직 공부만 열심히 하면 되는데 그걸 못하냐고 핀잔을 주기 일쑤였다. 그래서 이 책을 통해 용기를 낸 사람들도 많았지만 오히려 기가 죽는 사람들도 많았다. 물론 책의 중심 내용은 '공부가 가장 쉬울 정도로 먹고사는 것이 너무 힘들었지만 그 불우한 환경을 극복해 자신의 꿈을 끝내 이뤘다.'는 것이었다.

내가 이 책을 예로 든 이유는 우리 사회의 편견을 말하기 위해서다. 책의 저자를 모범으로 내세우는 분위기는 자칫하면 평범하게 살아가는 대부분의 사람들을 최선을 다해 노력하지 않는 실패자로 치부해버릴 수 있다. 사회적으로 꼽는 성공의 대열에 끼지 못하면 치열하게 노력하지 않은 것이고, 근성도 없고, 게으름을 피웠다는 증거로 보기 때문이다. 어려운 환경을 극복하고 성공한 몇몇 사람들을 제외한 거의 대부분의 사람들은 자신의 인생에서 최선을 다하지 않은 게 되어버린 것이다. 하지만 이러한 결론은 분명히 잘못되었다.

어려운 환경 속에서 이뤄낸 성공 신화는 평범한 사람들을 게으른데다 노력도 하지 않는 패배자로 여기게끔 만드는 위험 요소를 갖고 있다. 성공 신화의 주인공들을 일반화시키고, 더구나 그들이 택한 특정 분야의 일이나 직업을 성공의 상징으로 보는 건 확실히 문제가 있다. 그런데 더 큰 문제는 사회가 앞장서서 분위기를 그렇게 몰아가고 있다는 데 있다.

언론 매체를 보면 '사회지도층'이라는 표현을 종종 볼 수 있다. 그 부류에 속하는 사람들은 기업인, 정치인, 법조인, 의사 등 몇몇 직업군의 사람들이다. 특정 분야에만 집중되어 있는 것이다. 나는 '사회지도층'이라는 단어를 볼 때마다 누가 정하고 누가 인정하는 지도층인지 궁금하다. 내가 생각하는 지도자는 '指導者'가 아니라 '知道者'다. 즉 '길을 아는 사람'인 것이다. 세상에는 많은 길이 있고, 길마다 의미가 있으며, 모든 길이 다 필요하다. 어느 길이 좋은 길이고 어느 길이 최고의 길이라는 판단은 사람마다 주관적일 수밖에 없다. 우리 인생도 마찬가지라고 생각한다.

그런데 사회는 몇몇 인생을 마치 우리가 지향해야 할 인생인양 몰고 가고, 그런 직업군의 사람들을 '사회지도층'이라 칭하며 성공 모델로 제시한다. 그 결과 되풀이되는 학습에 의해 판단력이 흐려진 수많은 사람들이 극히 소수의 의자를 차지하기 위해 목숨을 걸고 경쟁을 벌이게 되었다. 또한 그 길에서 낙오되는 많은 사람들은 스스로를 못났다고 생각하며 인생의 진짜 즐거움을 모른 채 살아가게 되었다.

공부가 제일 쉬울 정도로 머리가 좋고, 사회가 정한 특정한 무대에서 뛰어난 기량을 펼치는 사람만 성공한 인생이라 한다면 나머지 사람들은 결코 성공할 수 없는 '루저'란 말이 된다. 하지만 그것이 대단히 잘못된 관점임을 수십억 년의 지구 역사가 말해주고 있다.

현재 너무니도 많은 사람들이, 특히 젊은이들이 사회가 정한 순위 매김에 주눅이 들어 있으며 자신의 능력을 발견하고 발휘해볼 시도조차 하지 못한 채 수동적으로 살고 있다. 자신의 능력과 가치를 평가절하하며 스스로를 루저로 만들어가는 것이다.

레스토랑을 시작하면서 직원들을 채용하기 위해 구인 공고를 냈을 때 지원하는 사람들이 별로 없었다. 그도 그럴 것이 듣도 보도 못한, 요즘 유행하는 속된 말로 '듣보잡'의 이름을 내건 레스토랑이었으니 요즘처럼 회사도 간판을 따지는 시류에서 보면 당연한 일이었다.

나는 채용 조건에 학력 등 그 어떤 조건도 내걸지 않았다. 외식 분야의 일이 하고 싶은 사람, 새로운 콘셉트의 레스토랑을 멋지게 키워가는 데 동참하고 싶은 사람을 바란다고 명시했을 뿐이다. 입사 지원서를 낸 친구들의 경력은 중국집 주방 보조, 배달원, 술집 종사자 등 아주 다양했다. 물론 이탈리아 요리로 그 분야에선 명성을 얻은 현직 호텔 주방장을 비롯해 일부는 이미 구성해온 터였다.

　입사 면접 때도 함께 일하기로 결정된 직원들에게 나는 이렇게 말했다.

　"나는 사실 프라이팬 한번 안 잡아봤다. 하지만 외식업에서 반드시 성공할 것이다. 그럴 자신이 있다. 당신들은 나보다 이 분야에서 경력자다. 우리가 함께 대한민국 외식업의 최고를 만들자. 외식업을 좋아하고, 우리 회사와 함께 자신도 성장하고 싶다면 함께하자."

　시간이 좀 지난 다음 듣게 된 이야기지만 그때 직원들은 내 말을 믿지 않았다고 한다.

　"사장님이 하시는 말씀이 뭔가 좋은 말이고, 용기를 주는 말이긴 하지만 솔직히 믿기진 않았어요."

　왜 믿기지 않았냐는 질문에 돌아온 대답은 이랬다.

　"지금까지 살면서 단 한 번도 일등을 못해봤거든요. 늘 꼴찌 근처였는데 최고가 된다고 하니 믿기겠습니까? 그냥 잘해보자는 뜻으로 알아들었어요. 저 같은 놈이 뭘 어디서 성공하겠어요."

　늘 잘난 사람만 조명 받는 세상에서 자신은 뭔가 부족한 사람이라고 스스로도 생각하며 살았기 때문에 '최고'가 될 수 있다는 말이 뜬구름 잡는 말처럼 들렸다는 것이다. 더 안타까운 것은 그런 생각을 하고 그런 말을 하면서도 직원들은 별로 안타까워하지 않았다는 점이다. 당연하고 어쩔 수 없는 일이라고 받아들이는 태도였다. 젊은 나이의 그 친구들이 일찌감치 체념하고 스스로의 역량을 포기하게 된 것은 그들만의 잘못이 아니다. 잘난 사람만 가치 있다는 사회적 시각은 물론이고 그 기준마저 너무 편협적이어서 젊은이들이 스스로 피기도 전에 시들어버리는 것은 아닌지 생각하게 되었다.

내가 레스토랑을 시작한 가장 큰 이유는 그 누구도 루저가 아니라는 사실, 우리 모두는 존재 그 자체로 이미 위대하고 완벽하다는 사실을 한 명이라도 더 많은 젊은이들이 알 수 있도록 도와주고 싶었기 때문이다. 그래서 젊은 친구들이 세상의 원리를 보게 되고 자신의 길을 찾아서 힘들더라도 행복한 노력을 했으면 하는 바람 때문에 시작한 사업이었다. 젊은 친구들이 알게 되기를 바라는 진실은 내가 잘나서 알아낸 것들이 아니다. 나는 단순한 전달자일 뿐이다. 수십억 년 동안 이어져오고 있는 자연의 비밀을 그저 전달해주는 역할을 하는 것이다.

자신이 일등을 하고, 자신이 다니는 회사가 일등을 할 것이라고는 아예 생각도 하지 않던 직원들이었지만 결과적으로 우리는 같이 해냈다. 지금 건강 콘셉트의 레스토랑에서는 '닥터로빈'이 단연코 독보적인 존재고 최고며 빠른 속도로 성장하고 있다.

게다가 많은 직원들이 자연이 말해주는 세상의 원리를 보기 시작하며 자신의 인생을 새롭게 꾸려나가고 있어 더욱 의미가 깊다.

나는 직원들에게 늘 말한다.

"회사를 직장으로 생각하지 마라. 회사를 학교로 생각해라. 자신의 능력을 발견하고, 세상을 읽으며 살아가는 방법과 자신의 꿈을 찾고 이루는 방법을 배우는 학교로 생각해라. 월급이 아니라 장학금을 받는다고 생각해라."

그렇기 때문에 나와 직원들은 단순히 일 관계로 월급을 주고받는 사이가 아니다. 나는 많은 시간을 투자하면서 '일'을 대하는 마인드에 대해 함께 생각하고, 새로운 틀을 다져나가려고 하는 기회를 많이 가졌다. 하지만 오히려 이런 분위기에 불만을 품는 직원들도 있었고 중도에 포기하고 나간 직원들도 물론 있었다.

술집에서 주방 보조를 하다 입사한 K는 참을성이 없고 세상을 향한 시선이 삐딱한 편이라 함께 일하는 사람들과 문제가 많았고 몇 번이나 가운을 벗어던지고 주방을 뛰쳐나가기도 했다. 하지만 나는 K를 비롯해 모든 직원들에게 자신의 능력을 발견할 때까지 기다려주려고 한다. 성급하게 성과를 재촉하는 사회 역시 자연의 법칙에서 어긋나는 것이기 때문이다.

K는 결국 자신이 무엇을 잘할 수 있고 하고 싶은 일이 무엇인지 찾아냈다. 일 년 정도 되었을 때 그 친구가 물었다.

"사장님 제가 검정고시를 준비 중인데 야간 전문대학을 가도 되겠습니까?"

나는 그 말이 무척 반가웠다. 단순히 요리를 생계수단으로 시작했지만 요리에 재능이 있다는 것을 스스로 발견한 것이다. K가 이제 바뀌어가고 있으며 감을 잡았다는 생각이 들었다. 이제 스스로 자신에게 필요한 것을 찾아가기 시작한 것이다.

K만 생각할 수 없기 때문에 함께 일하는 동료들끼리 의논하라고 했고, 다행히 서로 스케줄을 조절해 K는 전문대를 마쳤다.

그리고 현재 회사를 다니면서 4년제 대학으로 편입해 공부를 계속하고 있다. 아무 꿈도 없었고 불만만 안고 살아가던 그 친구가 평생 요리를 하면서 살고 싶으며, 학교에서 요리를 가르치고 싶다는 꿈을 갖게 된 것이다. 자신이 그 꿈을 이루는 데 부족한 존재가 아니라는 것을 알게 되었기 때문이다. 나는 K가 실력을 인정받는 셰프이자 교수가 될 것을 믿어 의심하지 않는다.

얼굴 표정부터 달라진 K를 보면서, 그리고 또 다른 K들을 보면서 나는 고맙다. 자신의 능력을 발견하고 성장해가는 직원들을 보며 보람을 느낀다.

사회에서 별 볼 일 없는 사람이라 해도 자신이 좋아하고 잘하는 일을 하면 꼭 성공할 수 있다. 아니, 별 볼 일 없는 사람은 이 세상에 없다. 우리는 누구나 위대하고 별 볼 일 있는 사람들이며, 누구나 최고가 될 수 있다. 자신이 가야 하는 길을 간다면 말이다.

단점은 없다,
불필요한 것도 없다

아프리카의 용맹한 전사,
모기에게 왕펀치 맞다

아프리카의 줄루족에게 일어나고 있는 이야기다. 아프리카에선 줄루족뿐만 아니라 모든 종족이 말라리아와 한바탕 싸움을 치러야 한다. 가장 용맹한 전사라 해도 예외는 없다. 건장하고 용맹하던 전사가 하루아침에 비실대며 자리에 누운 채 비참하게 죽어가는 일이 아프리카에서는 흔한 일이다. 눈에 잘 보이지도 않을 만큼 작은 모기 한 마리에 녹다운 당한 결과다.

아프리카로 여행을 갈 때 가장 주의해야 하는 질병이 바로 모기가 옮기는 말라리아다. 내가 아는 어떤 분은 한국에서 꽤 유명한 연예인이었는데 아프리카로 촬영을 떠났다가 뇌 말라리아에 감염되어 사망했다. 말라리아는 의학이 고도로 발전한 현대에도 인류를 위협하는 무서운 전염병이다.

말라리아모기도 자신의 생존과 번식을 위해서는 철분이 필요하다. 동물의 피를 빨아서 철분을 공급받아야 알을 낳을 수 있고 종이 번성할 수 있는 것이다. 그런데 말라리아모기가 극성인 아프리카의 가혹한 환경 속에서도 용케 살아남은 사람들은 용맹무쌍한 전사들이 아니었다. 그들은 바로 너무 허약해 늘 뒤쳐져 있던 사람들이었다. 신기하고 기적 같은 일이었다. 체격과 체력면에서 누구에게도 뒤지지 않는 전사들을 한 방에 쓰러뜨릴 수 있는 말라리아의 공격에서 병약한 그 사람들이 어떻게 살아남을 수 있었을까?

그에 대한 대답은 줄루족들을 대상으로 조사한 연구에 의해서 밝혀졌다. 아프리카 원주민들 중에서 겸상적혈구빈혈Sickle-cell Anemia이라는 유전병을 앓는 사람이 많은데 왜 이러한 유전병이 아프리카에만 유독 많은지에 대한 연구였다. 겸상적혈구빈혈의 특징은 병명에서 드러나듯이 환자가 심한 빈혈 때문에 조금만 달려도 숨이 차고 힘이 드는 유전병이다.

겸상적혈구빈혈이라는 병명은 이 병에 걸린 사람들의 적혈구 모양이 낫 모양, 즉 겸상(鎌狀, 낫 혹은 초승달 모양)으로 꼬부라져 있는 데서 붙여졌다. 정상적인 적혈구는 둥근 모양인데 겸상적혈구는 비정상적인 모양으로 인해 산소와 결합해 우리 몸의 각 세포에 산소를 공급하는 적혈구의 역할을 제대로 수행할 수 없다. 산소의 공급이 원활하지 못하니 빈혈 상태가 되어 어지럽고 조금만 달려도 숨이 차고 쉽게 피곤을 느낀다.

당연히 그런 병을 가진 허약한 사람들은 아프리카에서도 환영받지 못했다. 그런데 희한하게도 건강한 전사들이 아니라 무시당하던 허약 체질이 아프리카에서 살아남았다.

어떻게 살아남았을까? 정상적인 사람의 피 속에는 모기의 생존과 번식에 충분한 철분이 들어 있다. 당연히 모기 입장에서는 건강한 사람이 목표 대상이 된다. 반면에 겸상적혈구를 가진 사람은 비정상적인 적혈구의 모양으로 철분을 획득하기에 매우 불편하고 적합하지 않다. 모기에게 겸상적혈구를 가진 사람은 철분을 얻을 수 있는 공급처가 되지 못한다. 말라리아모기가 그의 피를 빨 필요가 없는 것이다. 피를 빨아도 철분을 구하지 못하기 때문이다.

　　바로 이러한 이유로 그들은 모기의 공격을 벗어날 수 있었다. 결과적으로 정상적인 적혈구를 가진 건장한 전사는 말라리아로 인해 그 수가 점점 줄어들었고, 반면에 겸상적혈구를 가진, 소위 말해 허약하고 덩치가 작아 기죽어 지내던 사람늘이 아프리카에서 살아남은 것이다. 현재 아프리카의 인구 중에 다른 대륙보다 겸상적혈구빈혈을 앓는 사람들이 훨씬 많은 이유다. 아프리카라는 환경에서 살아남기에 그들이 훨씬 유리했기 때문이다.

　　지구상의 거의 모든 생명체는 이와 유사한 상황에서 생존해 가고 있다. 지구 생명체들의 45억 년 역사를 자세히 들여다보면 결점은 결코 결점으로 존재하지 않는다는 사실을 알 수 있다. 즉 스스로 결점이라고 생각하는 것이 반드시 결점으로 작용하지는 않는다는 것이다. '나는 허약해, 머리가 나빠, 가정형편이 어려워, 돈이 별로 없어, 학식이 떨어져.'라는 이유는 핑계고 변명이다. 우리가 현재 지구에 생존하는 생명체인 이상 그것들의 공통적인 특성에서 벗어날 수 없기 때문이다. 그것은 바로 결점이라 여겨지는 바로 그 특징으로 인해 살아남을 수 있었다는 점이다. 결점으로 여겨졌던 것이 오히려 척박한 환경에 적응하는 데 장점이 될 수 있었다. 그러니 우리의 그 어떤 조건들도 우리 인생에 결점으로 작용해 우리를 가로막지 않는다. 지구 45억 년의 역사가 초지일관 증명하는 사실이다.

　　어떤 사람의 어떤 특징이 언제 어디서나 강점이 되거나 결점이 되지 않는다는 것을 우리는 분명히 기억해야 한다. 키가 작은 사람이 더 유리한 분야가 있고 뚱뚱한 사람이 더 유리한 분야도 있다. 물을 많이 마셔야 건강에 좋다는 주장이 일반화되어 있지만, 물을 하루에 1리터 이상 마시면 건강에 해가 되는 저나트륨 환자들도 있다. 만인에게 좋은 음식도 없고 만인에게 좋은 약도 없다.

마찬가지다. 특정 능력이 뛰어난 사람, 특정 장점을 가진 사람만이 행복한 인생을 살 수 있다는 공식은 엉터리다. 중요한 것은 그 사람이 '어디를, 왜, 어떻게' 가고 있느냐 하는 것이다. 산만해서 공부를 못한다고 늘 자식 걱정을 하던 선배 부부가 있었다. 그런데 그 아이는 20대 후반에 직원 20여 명에게 일하는 재미를 나눠주는, 창의적인 행사 이벤트 회사의 CEO가 되어 잘살고 있다.

우리는 자연을 통해 배워야 한다. 결점이라는 것이 결점으로만 존재하는 것이 아니라는 것, 결점이 생존의 무기가 될 수 있다는 것, 결점이 패배자가 될 수밖에 없는 낙인이 아니라는 사실을 말이다.

장점도 단점도
다 훌륭한 무기다

적도를 기준으로 북쪽인 북반구로 올라갈수록 살고 있는 사

람들의 코가 길어지고 높아지면서 콧구멍은 좁아진다. 북반구
로 올라갈수록 공기가 차가운데, 차가운 공기를 데워서 폐로 가
져가야 하므로 코가 길어지고 높아지면서도 콧구멍은 좁아지는
것이다. 반대로 적도로 내려갈수록 사람들의 코가 낮아지고 콧
구멍은 커진다. 이미 공기가 데워져 있기 때문이다. 환경에 맞춰
살아가기 위한 변화다.

우리의 인체가 자연환경과 변화에 민감하게 적응한다는 것
은 증명된 사실이다. 즉 지금 우리가 살아남아 있다는 것은 커다
란 변화를 거쳐 환경에 적응했기 때문이다. 이것은 우리가 얼마
나 위대한가를 말해준다.

비타민 D가 형성되지 않으면 인체의 뼈가 형성되지 않고 혈
관에 탄성이 없어지기 때문에 비타민 D는 우리에게 꼭 필요한
영양소다. 그런데 비타민 D는 먹어서 생성될 수 있는 것이 아니
라 햇볕을 쬐어야만 형성된다. 여기서 중요한 문제가 하나 있다.

햇볕은 비타민 D를 형성시키지만 반면 엽산을 파괴한다. 그
런데 엽산이 파괴되면 신경계통이 기형이 되기 때문에 문제가
심각해진다. 비타민 D를 합성해 뼈를 형성하고 조직을 형성하는
것도 필요하지만, 엽산이 파괴돼서 신경이 마비되면 더욱 큰 문
제다. 이 어려운 문제에 우리 인체는 멋지게 적응했다. 먼저 엽
산이 파괴되는 것을 막기 위해 햇볕이 강하고 많은 지역에 사는
인종은 피부색이 검게 바뀌었다. 피부색은 멜라닌 색소와 관계
가 있는데 이 멜라닌 색소가 햇볕의 침투를 막는 것이다. 반대로
북유럽으로 올라갈수록 피부색이 하얗게 변했는데 그 이유는 일

조량이 줄어들기 때문이다. 햇볕이 부족하기 때문에 빛을 더 잘 받아들여 비타민 D를 합성하는 데 유리하도록 멜라닌 색소가 줄 어든 것이다. 그런데 여전히 문제는 남는다. 비타민 D의 합성은 가능해졌지만 엽산 파괴가 남았다. 그래서 북유럽 사람들은 희 지만 털이 많이 난다. 털로 엽산 파괴를 막는 것이다.

이렇게 일조량의 변화처럼 아주 미세한 변화까지도 적응해 살아남은 것이 현재 우리 인류다. 우리가 살아서 이렇게 숨 쉬고 있다는 사실은 우리가 이 모든 역경에서 살아남은 위대한 생명 체라는 것을 의미한다. 그래서 감동하지 않을 수 없다.

이처럼 모든 역경에서 살아남은 위대한 생명체기 때문에 그 생명체가 가진 모든 특징은 모두 훌륭한 무기다. 우리의 특 징 중 불필요한 것은 하나도 없다. 불필요한 부분들은 진화해오 는 과정에서 사라졌기 때문이다. 각 특징들의 가치를 알고 상황 과 때에 따라 적절하게 활용만 한다면 분명히 훌륭한 무기가 될 수 있다.

예를 들어 아토피를 보자. 일반적으로 아토피 증상을 성가 신 것이라고만 생각한다. 물론 그 증상은 힘들고 많이 불편하다. 당연히 증상이 나타나지 않도록 주의해야 하며 부득이 증상이 나타나면 고통을 최소화하는 노력을 해야 한다. 하지만 증상 그 자체는 불필요한 것만은 아니다. 아토피는 자신에게 맞지 않는 음식물이 들어온다는 몸의 경고문이다. 아토피 유전자는 자신에 게 맞지 않는 음식물이 들어오면 그 사실을 알려주는 역할을 하 는 것임을 알아야 한다.

만약에 해독 작용이 현저히 약한 사람이 몸에 맞지 않는 음식을 먹었을 때 그것을 증상으로 표현하는 유전자가 없다면 어떻게 될까? 아마도 장기에 심각한 손상이 발생할 것이다. 하지만 어떠한 증상도 나타나지 않으면 그것도 모르고 맞지 않는 음식을 계속해서 먹게 되고 결국은 죽음에 이를 것이다. 특정 음식에 민감한 사람은 그 음식에 대해 증상으로 경고를 받는 것이다. 즉 아토피가 있기 때문에 자신이 조심해야 할 음식을 가릴 수 있는 것이다. 이러한 사실은 미국 학회에서도 보고된 바 있다. 아토피를 가진 사람들이 아토피가 없는 사람에 비해 암 발병률이 현저히 낮다는 논문도 있다.

그렇다면 아토피 증상은 무조건 사라져야 하는 불필요한 요소일까? 진화의학자와 일반 의사와의 차이점이 바로 이러한 점이다.

진화의학에서는 '나한테 불필요한 것은 없다.'는 사실을 지구 45억 년 역사를 통해 말하고 있다. 예를 들어 앞에서 말했듯이, 불안을 많이 느끼는 소심한 성격도 그 사람에게는 무기가 될 수 있다. 불안 인자를 잘 이용하면 되는 것이다. 불안 인자가 약한 사람일 경우 망하는 사업인지도 모르고 무작정 도전하기 쉽지만, 불안 인자가 강한 사람은 실패 요인을 파악해 대비함으로써 사업의 실패 확률을 줄일 수 있다.

그런데도 '난 왜 이리 소심할까?', '난 왜 루저일까?'라며 자신을 못마땅해하고 자신 없어하면 자신이 갖고 있는 능력을 펼쳐보지도 못하게 된다. 자신에게 있는 어떤 요소도 불필요하거나 없어져야 하는 것은 없다. 그 어떤 것이라도 잘 활용하면 엄청난 가치를 지니게 된다는 사실을 잊지 말자.

사실 장점과 단점이라고 분리하는 것 자체가 문제가 있다. 어떤 특징이라도 상황과 때에 따라 단점도 될 수 있고 장점도 될 수 있다. 불안과 소심함은 약점이고 낙천적인 면과 대범함은 장점이라는 판단은 진화의 시각에서 보면 잘못되었다. 두 가지 다 성공을 위한 무기라는 것을 진화의학은 설명해주고 있다. 장점이라 불리든 단점이라 불리든 자신이 갖고 있는 모든 특징을 어떻게 활용하는가에 따라 그 결과가 달라질 뿐이다.

그런데 일반적으로 단점을 극복하라고 자꾸 말한다. 하지만 나는 그렇게 말을 할 수가 없다. 우리가 가지고 있는 특징은 그것이 무엇이든 살아가는 동안에 반드시 강점으로 활용할 수 있는 기회가 생기기 때문이다. 나는 젊은 친구들에게 자신이 가지고 있는 모든 특성을 사랑하라고 늘 말한다. 내가 아무 이유 없이 그런 말을 하는 것이 아니다. 자연이 증명하는 진실이기 때문이다.

노력하면 꿈은 이루어진다는 것은 '희망고문'이다

내가 아는 헤어디자이너 Y는 대학 축구 선수 출신이다. 어렸을 때부터 운동을 좋아했던 그는 중학교 때부터 축구부 선수로 뛰었고 대학도 특기생으로 진학했다. 공부와는 거리가 멀다고 일찌감치 판단한 부모님의 생각에 그 자신도 동의했고, 쉬는 시간만 되면 공을 차고 놀 만큼 축구가 좋았기 때문에 중학생이 된 후 축구부 입단 제안이 무척 기뻤다고 한다. 또한 Y는 연예인 못지않게 스포트라이트를 받는 축구 선수들을 보며 스타 축구 선수가 되겠다는 그의 꿈을 더욱 확고히 했다고 한다.

그런데 대학의 체육과 정원은 한정되어 있었고 체육 특기생은 많았기 때문에 Y는 체육과 관련 없는 과에 적을 두게 되었다. 하지만 대학에서도 선수 생활이 그의 생활의 전부가 되었다. 문제는 중고등학교 시절에는 주전급으로 각광을 받던 Y가 대학에서는 시간이 지날수록 중심 무대에서 밀려나기 시작했다는 것이다.

대회에서는 주전 멤버가 아니라 후보 명단에 오르는 일이 거듭됐고 그럴수록 Y는 조바심이 났다. 최고의 몸값을 받는 스타급 선수로 이름을 날리고 태극 마크를 달고 세계대회에서 뛰고 싶었던 꿈이 점점 멀어지는 느낌이었다. 그는 다급해지고 불안해졌다. 팀 구성원들과 가족을 비롯한 주변 사람들의 시선도 Y의 마음을 더욱 어둡게 했다. 그를 가장 힘들게 하는 것은 그가 최선을 다하지 않았다는, 치열하지 않았다는 평가였다. 노골적으로 혹은 은연중에 그의 가슴에 꽂히는 끈기가 없고 열정이 부족하다는 비판의 힘은 강력했다. 그것은 Y에게 동기 부여를 해주는 것이 아니라 몸과 마음을 더욱 무겁게 했다.

가장 큰 문제는 Y 스스로도 자신이 무능하게만 여겨졌다는 점과 자신감이 점점 떨어졌다는 점이었다. 재능이 없다는 자각만이 아니라 노력도 부족했다는 책망까지 더해져 그는 이중 고통에 시달렸다. 대학 2학년을 마치면서 그 고통은 절정을 찍었지만 그는 계속 자신을 채찍질할 뿐이었다. 사방에서 들려오는 소리는 '노력하면 꿈은 이루어진다.'였다. 힘들어도 포기하지 않고 더 치열하게 노력하면 Y도 꿈을 이룰 수 있을 거라 믿었다. 아니 그렇게 믿을 수밖에 없었다. 솔직히 축구 외에 딱히 하고 싶은 것도 없었다. 한 번도 생각해보지 않았기 때문이다. 게다가 Y의 아버지는 남자라면 결심한 것을 중도에 포기하면 안 된다고 늘 말씀하시는 분이었다.

결국 그는 남은 대학 기간을 우울하게 보냈고 군 제대 후에도 무엇을 할지 정하지 못하고 방황했다. 부모님도 더 이상 축구와 그를 연결시킬 수 없다는 것을 인정했고, 그나마 관련 있는 사회체육 분야로 진로를 잡기를 바랐다. 그래서 제안한 것이 헬스장 운영이었다. Y는 못난 자식이라는 죄책감으로 그 뜻을 받아들였고 헬스장 운영을 시작했다.

하지만 헬스장은 점점 적자만 기록해나갔다. Y가 그 일을 전혀 재미있어하지 않았기 때문에 일에 집중하지 않은 것이 적자 운영의 큰 이유였다.

그때로부터 10년 남짓 지난 지금, 그는 예약을 하지 않으면 관리를 받기 어려운 인기 있는 미용실을 운영하고 있다. 경영만 하는 사장이 아니라 직접 현장에서 고객을 대하는 디자이너다. 그것도 실력으로 인정받은 디자이너다.

Y는 졸업 후 목표가 사라지고 자신이 루저가 됐다는 생각에 마음이 허전했다고 한다. 그러던 그는 외모를 꾸미는 데 관심을 기울였다. 단순히 공허함을 달래기 위해서라면 그렇게 지속되지 않았을 것이다. 자신도 몰랐지만 그는 꾸미는 것을 좋아했고 감각도 있었다. 특히 헤어스타일링을 잘했고 그 일에 재미를 느꼈다. 처음에는 자신의 머리를 꾸미기 시작했고, 가까운 지인들이 그의 헤어스타일을 보고 자신의 헤어스타일도 부탁하기 시작했다. 친구들로부터 "네가 손대면 역시 다르다."는 말을 여러 번 듣게 되고 스스로도 점점 재미를 느낀 그는 헤어 디자이너가 되겠다는 계획을 세웠다.

물론 처음에는 부모님, 특히 아버지의 반대가 심했다. 남자가, 그것도 축구 선수로 뛰던 사내가 할 짓이 아니라는 이유였다. 하지만 그는 뜻을 굽히지 않았고 자신의 길을 꿋꿋이 걸어갔다. 자신이 좋아하는 일과 잘하는 일이 무엇인지 비로소 알았기 때문이었다. 물론 쉽지 않았다. 선후배 의식이 강한 미용업계에 늦은 나이에 뛰어든 그였기 때문에 여러 가지 힘든 점도 많았다. 하지만 스스로 찾아낸 자신의 길이었기 때문에 집중도는 높을 수밖에 없었고 그 결과 성공이라는 열매를 수확할 수 있었다. 현재 그는 재미있게 일하면서 행복하게 살고 있다.

대부분의 사람들은 성공하지 못한 이유로 '노력 부족'을 든다. 하지만 그것은 너무 단순한 결론이다. 사람마다 각자 잘하고 좋아하는 일이 따로 있고 이 세상에는 수많은 꿈이 존재한다는 것을 누구나 간단히 인정하지만, 현실에서는 실제로 그런 시선으로 사회를 바라보거나 자신이 실천에 옮기는 사람은 많지 않다.

내가 하고 싶은 말은 이것이다. '무조건 열심히 노력한다고 누구나 리오넬 메시나 마이클 조던이 될 수는 없다.'는 사실을 잊지 말자는 것. 이러한 현실을 머리로는 인정하면서도 오랫동안 굳어져온 사회적 인식에서 자유롭기 어렵다는 것도 안다. 하지만 바라보는 시각과 인식을 조정해야 한다.

키가 160센티미터인 사람이 아무리 미친 듯이 노력해도 세계적인 농구 스타 마이클 조던이 될 수는 없다. 지나친 비약이라고 치부하기 쉽겠지만, 현실에선 이러한 비유를 해도 크게 틀리지 않을 일들이 많다. 물론 마이클 조던만큼 성공해야 한다는 뜻도 아니다. 자신이 평생을 걸 만한 일을 찾을 때 사회적 기준을 잣대로 하거나 그 기준에 지나치게 신경을 쓸 필요가 없다는 것을 젊은 친구들이 알았으면 좋겠다고 생각할 뿐이다. 또한 그들이 실천할 수 있는 사회적 분위기가 형성되기를 바라는 것이다.

"노력하면 꿈은 이루어진다는 말은 '희망고문'이다."라는 문장에서 내가 하고 싶은 말은 꿈에 관한 것이다. 꿈을 이루는 사람들은 소수이며 이미 정해져 있으니 노력하지 말라는 말을 하고 싶은 것이 결코 아니다. 나는 꿈의 종류를 다양화해야 된다고 말하고 싶은 것이다. 자신이 좋아하고 잘할 수 있는 것을 찾아 꿈을 이루기 위해 노력해야 한다는 말이다.

꿈의 확장이 필요한 시점이다. 누구나 다 공부를 좋아하거나 잘할 수는 없는 법이다. 모두의 꿈이 공부를 통해 이룰 수 있는 것도 아니다. 학력이나 학점, 토익 점수 따위가 꿈을 이루는 필요조건이 아닌 세상이 되기를 절실히 바란다.

사람마다 얼굴이 다르듯 사람마다 꿈이 다를 수 있고, 우리의 눈과 입이 똑같이 중요한 것처럼 모두의 꿈이 다 소중하고 가치 있다는 것을 우리는 자연을 통해 배울 수 있다. 물론 과거에 비하면 다양한 꿈을 인정하는 분위기다. 하지만 말은 말에 불과하다. 우리 사회는 여전히 몇몇 직종만 인정하고 그 직종을 가진 사람들만 성공했다고 인정하고 있는 게 현실이다.

꿈의 목록을 미리 정해놓고 선을 긋는 바람에 많은 청춘들이 헛고생하며 힘들어하고, 그러는 사이 시간만 낭비되고 있다. 사회가 떠미는 것이 아니라 자신이 선택한 자신의 꿈을 위해 노력한다면 힘들어도 행복할 청춘들이다. 그들이 사회의 잣대에 맞추기 위해 꾸역꾸역 자신을 쥐어짜며 눈에 핏발을 세우고 살아가는 것이 안타깝다. 우리 젊은이들이 다양한 꿈을 꾸고 우리의 미래와 우리 모두의 꿈이 공평하게 가치를 갖게 되기를 진심으로 바란다.

이미
충분하다

손에 쥐고
찾지 말라

모든 살아남은 존재는
이미 알고 있다

현재 지구상에 존재하는 모든 생명체는 저마다 최소한 한 가지 이상의 생존 방법을 가지고 있다. 그렇지 않았다면 지금 살아 있지 못했을 것이다. 바로 이 점이 우리 모두가 이미 위대한 생존자라는 진실을 알려준다. 지금 이 책을 읽고 있는 여러분도 살아남을 수 있었던 유전자를 가지고 있다.

언젠가 방송에서 해변이나 습지에서 자라는 나무인 맹그로브에 관한 특집을 본 적이 있다. 오랜 옛날 아열대나 열대의 바닷가 지역에서는 맹그로브가 서식하는 습지 쪽으로 바닷물이 밀려들어 습지에 염분의 농도가 높아지게 되었다고 한다. 이렇게 민물에 염분이 많아지면 습지의 생태계는 심각하게 훼손되기 시작하고 그런 상황이 계속 진행되면 맹그로브도 살아남을 수 없다. 그런데 맹그로브는 오늘날까지 존재한다. 그냥 당하고만 있지 않았기 때문이다.

습지에 염분이 많아지면서 나무들도 살아남기 위해 자신들이 살 방법을 찾아야 했다. 하지만 변화를 알아차리지 못하고 평소와 다름없이 물을 빨아들이고 있던 나무들은 사라지기 시작했고, 결국 그 습지에 살던 다른 나무들은 거의 대부분 죽어버렸다. 그런데 맹그로브는 달랐다. 맹그로브는 뿌리를 땅 밑으로 최대한 깊게 뻗어 내렸다. 그렇게 해서 염분이 없는 강바닥 깊은 곳까지 내려갔고, 맹그로브는 강바닥의 흙에 의해서 염분이 걸

러지고 민물 상태로 남아 있던 물을 빨아들였다. 이러한 방법으로 맹그로브는 생존한 것이다. 그렇게 하고도 정화되지 않고 몸속에 쌓인 염분은 다시 잎을 통해서 배출했다. 그래서 사람들은 맹그로브에서 소금을 얻을 수 있다고 '소금나무'라고 부르기도 한다.

칼라하리사막의 나무들은 키가 작다. 수명이 아주 오래된 나무인데도 작은 키를 가지고 있다. 메마른 땅에서 물을 구하기 위해 뿌리가 수직으로 깊이 내려가는 특징이 있어 위로 자라지 않고 밑으로 자라기 때문이다. 그렇기 때문에 이 나무는 옮겨 심는 것이 거의 불가능하다고 한다. 작은 나무라 생각하고 옮겨 심으러 덤볐다간 애를 먹는다. 키만 작을 뿐이지 뿌리는 어마어마한 이 나무를 '거꾸로 자라는 나무'라고도 부른다. 이렇게 거꾸로 자라서라도 살아남는 것이 자연의 생명체들이다.

아프리카 나미브사막의 1년 강수량은 20밀리미터 정도 된다고 한다. 기온은 평균 섭씨 45도 정도 된다. 이정도의 기후라면 생명체들이 생존하기에 아주 어려운 환경이다. 초식동물의 먹이가 되는 나무나 풀이 부족하기 때문에 초식동물이 살 수 없고, 그러니 육식동물도 살 수 없는 것이다.

하지만 이러한 혹독한 생태계에도 생명은 있다. 이곳에서 나무가 살기 위해서는 최대한 물의 증발을 적게 하는 것이 유리하다. 그래서 이곳의 나무들은 물의 증발을 막기 위해 잎을 뾰족뾰족하게 한다. 잎이 넓어지면 그만큼 물의 증발도 많아지기 때문이다. 추운 지방에서도 추위를 이기기 위해 잎을 작게 만들지만 사막에서도 같은 현상이 일어나는 것이다. 추운 지방이건 더운 지방이건 이렇게 잎의 모양을 바꾸어서라도 살아남으려는 것이다.

북유럽에 분포하는 나무의 나뭇잎은 녹색을 띠지 않고 검은색을 띤다. 사람들이 북유럽의 숲을 '흑림'이라고 부르는 이유다. 북유럽을 배경으로 하는 영화들의 숲 속 장면을 보면 아주 음산하고 칙칙하다. 왜 이렇게 북유럽의 숲은 어두운 색일까? 북유럽은 광합성에 필요한 햇빛의 양이 적다. 나무는 이러한 적은 양의 햇빛으로는 충분한 광합성을 할 수 없다. 그렇기 때문에 적은 양의 태양을 효율적으로 이용하기 위해 엽록소를 과다하게 축적한다. 이렇게 엽록소가 고농축으로 되어 있어서 잎의 색이 녹색이다 못해 오히려 검게 보이는 것이다.

풀들 중 최고의 생존 방법을 가진 것은 기미풀fescue이 아닐까 생각한다. 기미풀을 일명 '말풀'이라고도 부른다. 이 풀은 크기도 크고 싱싱하고 보기도 좋다. 이렇게 좋은 풀이라면 초식동물이 보기에 매우 훌륭한 먹잇감이니 표적이 되어 금세 사라질 수도 있었을 텐데 어떻게 아직까지 살아남아 있는지 신기하다.

기미풀은 일부러 자기 몸속에 곰팡이가 살도록 허용한다. 곰팡이는 기미풀 몸속에서 독소를 만들어내고, 풀은 곰팡이 독으로 가득 차게 된다. 맹독한 기미풀은 이제 아무도 건드릴 수 없는 풀이 된다. 기미풀을 먹으면 덩치가 큰 말들도 죽을 수가 있다. 모르고 기미풀을 먹은 초식동물들은 굉장히 고통스러운 경험을 하고 다시는 그 풀을 먹지 않는다. 기미풀은 자기 몸속을 독으로 채우는 괴로운 방법을 택해서라도 살아남으려는 것이다.

나미브사막에는 나마쿠아카멜레온이라는 색다른 카멜레온이 살고 있다. 카멜레온은 자신의 몸 색깔을 주위와 똑같은 색으로 변화시킨 다음 꼼짝하지 않고 있다가 가까이 오는 먹잇감들을 획 낚아챈다고 알고 있는 경우가 많다. 그런데 나미브사막에는 먹잇감이 거의 없어 가만히 기다리기만 하면 굶어 죽기 십상이다. 나마쿠아카멜레온은 '거저리'라는 곤충을 잡아먹고 사는데 거저리는 몸놀림이 무척 빠른 곤충이다. 밀림의 카멜레온은 원래 그렇게 빠른 동물이 아니지만, 먹고살아야 하므로 나마쿠아카멜레온은 빨리 달리는 법을 익혔고, 결국 거저리보다 몸놀림이 빨라 살아남을 수 있었다. 나미브사막에 사는 카멜레온이 밀림에 사는 카멜레온보다 빨리 달릴 수 있는 이유다. 다른 카멜레온처럼 몸의 색깔을 변화시켜 살아남기도 하지만 살아가는 환경에 맞게 빨리 달리는 방법을 터득해서 살아남기도 한 것이다.

척박한 이 사막에는 기린도 존재한다. 기린은 원래 키가 큰 나무 꼭대기의 넓적한 잎을 먹고 살아간다. 그런데 나미브사막의 기린은 아주 딱딱하고 견고한 뾰족뾰족한 잎을 먹는 데 적응했다.

의사들은 손톱만 봐도 영양 상태를 알 수 있고 대강의 건강 상태를 짐작할 수 있다. 영양결핍이나 질병이 있을 경우 손톱이 얇고 잘 부러진다고 한다. 그런데 이러한 증상이 모두에게 적용되지는 않는다. 자연에서 살아남기 위해 노력하는 과정에서 우리 사람의 몸 역시 우리가 알고 있는 상식과는 다르게 반응하는 경우가 있다.

많은 아프리카의 어린이들이 심각한 영양 결핍이라는 것은 뉴스를 통해서 이미 알고 있는 사실이다. 그런데 먹을 것을 구하기 어려운 상황이 지속되면 우리가 알고 있는 것처럼 손톱이 얇아지는 것이 아니라 오히려 두꺼워진다. 땅을 파고 풀을 뜯으며 먹이를 구하는 데는 두꺼운 손톱이 유리하기 때문이다.

내가 지금까지 소개한 사례는 극히 소수일 뿐이다. 이외에도 생명체들의 생존 방법은 셀 수 없이 다양하다.

세상 살기가 어렵고 각박하다고 많이들 이야기한다. 실제로 하루하루를 살아가기가 쉬운 일이 아니다. 그러나 우리만 살기 어려운 것은 아니다. 자연도 각박하다. 그리고 현재만 그런 것도 아니다. 45억 년 지구의 역사상 단 한 차례도 각박하지 않고 어렵지 않았던 시기는 없었다. 하지만 우리도, 우리가 속한 환경에 충분히 적응하고 살아갈 수 있다. 지금 우리가 살아 있다는 것 자체가 혹독한 환경을 극복했다는 증거기 때문이다. 살아 있다는 그 자체가 엄청난 적응력을 가지고 있다는 것을 말해주는 것이다.

45억 년의 혹독한 지구의 역사를 극복하고 살아남은 우리는 이미 어마어마한 존재다. 이러한 존재가 아니었다면 우리는 벌써 지구상에서 사라졌을 것이다. 그렇기에 우리는 앞으로도 살아나갈 수 있는 힘이 있다. 잘못된 기준으로 스스로를 재단하지 말고, 우리 각자의 능력을 제대로 활용하고 살면 우리는 어떠한 척박한 환경 속에서도 새로운 방법들을 찾아내며 잘살아갈 수 있는 존재들이다.

해도 해도
허기지는 삶

중학교를 졸업한 후 나는 잠시 좌절을 맛봐야 했다. 공부를 더 하고 싶었는데 집안 형편 때문에 어머니께서 농사를 지으라고 한 것이다. 하지만 나는 그대로 포기할 수 없어 어린 나이에 혼자 대구로 갔다. 고등학교라도 졸업하기 위해서였다.

내가 태어나고 자란 곳은 경북 예천에서도 한참 들어가야 하는 작은 시골이었다. 대부분의 아이들이 상급 학교로의 진학 대신 농사를 짓거나 작은 가게에서 일하는 것으로 진로를 정했다. 하지만 내 뜻이 워낙 강경하자 어머니도 허락하셨고 나는 내 힘으로 공부한다는 조건으로 먼 친척 누나가 있는 대구로 간 것이다. 그 누나의 아이가 내 또래였는데 조카뻘이 되는 그 아이의 공부를 가르치는 대가로 누나 집에서 머물며 학교를 다니기로 했다.

대구역에 내린 순간, 나는 너무 놀라 주저앉을 뻔했다. 실제로 그렇게 복잡한 거리와 많은 사람들은 처음 보았다. 차는 너무 많았고 횡단보도는 어떻게 건너야 할지도 몰랐다. 친척 집으로 가는 버스를 탈 수도 없었다. 그때까지 버스를 한번도 타본 적이 없었으니 타는 방법을 몰랐다. 그래서 하는 수 없이 걸어가는 방법을 택했다. 주소가 적힌 종이 한 장을 들고 걷기 시작했다. 최소 네다섯 시간은 걸은 듯했다. 걷던 도중 몇몇 애들에게 길을 물었는데 그 또한 충격이었다. 같은 경상도인데도 억양이 다르고 느낌도 너무 달랐다.

그렇게 시작하게 된 공부라서 그랬는지 나는 무척 열심히 했고 결과도 좋아서 의대에 진학할 수 있었다. 그리고 의사가 되었다. 하지만 의사가 된 이후에도 어떤 허전함이 느껴졌고, 그것을 채우기 위해 유학을 결심했다. 지금 생각해보면 나를 끊임없이 공부하게 한 것은 불안감이었다. 이상한 것은 무언가를 성취하면 할수록 점점 무언지 모를 갈증을 느꼈고 불안했다는 점이다. 무언가를 더 열심히 많이 해야 상황이 더 나아질 것 같았고 내가 이뤄온 것들을 지킬 수 있을 것 같았다. 하지만 노력을 할수록 내 인생은 환해지는 것이 아니라 불투명해져만 갔다.

그러던 중 나는 인생의 전환점을 맞게 되었다. 진화의학을 만나게 된 것이다. 진화의학을 접하고 그때까지 내가 생각하던 인생과 세상을 바라보던 시선이 완전히 바뀌게 되었다. 진화의학을 깊이 공부하면 할수록 긴 세월 동안 죽어라 노력했지만 좀처럼 가시지 않던 갈증과 불안감의 정체가 더 확실히 보이기 시작했다.

미국에서 비만에 초점을 맞춰 활동하며 경험을 쌓고 있을 때 우연히 작은 모임에 가게 되었다. 그리고 모임에서 드디어 진화의학의 존재를 알게 되었다. 어떤 의사가 그 모임에서 강의를 했는데 그 내용이 바로 진화의학에 관한 것이었다. 강의를 들으면서 나는 두 귀는 물론 온몸이 열리는 듯한 경험을 했다. 그때까지의 그 어떤 경험보다 강렬하고 새로운 느낌으로 나를 흔들었다.

그의 강의는 우리 존재의 근원에 대한 내용이었다. 일반적으로 생각하는 '다윈의 진화론'에 대한 것이 아니라 생명체들의 생존에 대한 이야기였다. 나는 그 강의를 통해 어쩌면 진화의학이 인체에 대한 의학적인 숙제들을 해결할 수 있을 것이라는 막연한 희망을 가지게 되었고, 그때부터 자연과 적응, 생물학, 인류학 등에 대해 진지한 흥미와 관심을 갖기 시작했다. 나의 진화의학에 대한 공부는 이렇게 시작된 것이다.

그 당시만 해도 진화라는 것을 기독교의 창조론에 반하는 이론쯤으로 치부하고 있었고, 진화생물학자 같은 분들만 공부하는 분야인 줄 알았다. 그러나 시간이 점점 지나면서 그런 생각이 오해였다는 것을 알 수 있었다. 진화의학이야 말로 지구상에 살아 있는 모든 생명체들의 진정한 본질을 탐구하는 학문이라는 것을 알게 된 것이다.

그 모임 이후로 나의 생활은 달라졌고 나는 진화의학에 매혹되었다. 책은 물론이고 관련 자료란 자료는 모두 뒤지기 시작했다. 지금까지도 그렇지만 당시에는 진화의학 관련 책이나 자료가 워낙 귀했다. 미국에서도 진화의학은 아직까지 정식 의학 과목으로 인정받지 못했다. 그래서 진화의학을 중점으로 가르치는 의과대학이나 과는 물론 없고 의료계 과목도 아니다. 많은 의학자들이 큰 관심을 갖고 있음에도 내과, 외과, 산부인과, 정형

외과 등 정식으로 분류된 전문 과목이 아니기 때문에 진화의학 전문의는 당연히 존재하지 않았다. 그래서 더 깊이 공부하고 싶어도 욕심만큼 할 수가 없었다. 나는 진화의학 학회가 열린다고 하면 그곳이 어디든 찾아다녔다. 로스앤젤레스에서 샌프란시스코까지 어디든 찾아다니며 공부를 했다. 진화의학을 공부할 때만큼 재미를 느낀 적은 별로 없었다.

처음에는 진화의학에서 의학 쪽에 초점을 맞춰 공부를 했다. 그러면서 시야가 넓어졌고 의학 쪽만 아니라 우리 삶 전체를 진화의학의 관점을 통해 볼 수 있겠다는 생각이 들었다. 모든 생명체들이 살아남은 이유의 공통분모를 우리 인간에게도 적용할 수 있을 것이라는 생각, 그래서 나도 다시 새롭게 살아보자는 생각이 들었다.

진화의학은 이렇듯 나에게 새로운 눈과 새로운 생존법을 알려준 학문이었다. 그때까지 나는 다른 사람들이 만들어놓은 설계도에 의해 무작정 나의 시간, 나의 열정을 사용하며 인생을 꾸려나가고 있었다. 숨 돌릴 시간도 없이 힘들게 달려오면서 어디로 무엇 때문에 향하고 있는지에 대해서는 생각도 하지 못했다. 바로 그것이었다. 아무리 열심히 살고 미친 듯이 노력해도 늘 부족하고 덜 채워진 느낌에 쫓겼던 이유가. 왜 현재 그 일을 하고 있는지, 원하는 게 정말 무엇인지를 몰랐던 탓에 생기는 불안이었다.

진화의학은 강력한 펀치 한 방으로 내가 오랜 시간 동안 헛짓을 하고 살았다는 것을 깨닫게 해줬다. 넉넉지 않은 집안 형편 때문에 남들 다 가는 고등학교도 진학을 못할 뻔했던 상황은 나로 하여금 악착스레 공부를 하게 했고, 성공해서 돈을 많이 벌어야 한다는 강박관념을 심어주었다. 내가 잘할 수 있고 좋아하는 것이 아니라 소위 말하는 '유망한' 트렌드를 쫓고 있었던 것이다. 그러는 동안 나는 한 번도 나 자신에 대해 생각해보지 않았다. 내가 무엇을 좋아하고, 무엇을 하고 싶은지, 무엇을 잘하는지 생각해보지 않았던 것이다.

그리고 가장 중요한 것은 쫓기고 있었다는 사실이다. 내가 부족하다는 강박관념 때문이었다. 하지만 나는 부족하지 않았다. 이미 내 존재 자체는 충분했는데, 계속해서 성공을 강요하는 사회적 분위기에 휩쓸려 내가 누구이고 나의 꿈이 무엇인지 돌아볼 겨를도 없이 달리기만 한 탓이었다. 그것도 두 눈 다 감은 채 무조건 달렸던 것이다. 두 눈 다 감았으니 어디로 가고 있는지 왜 가고 있는지 알 턱이 없었다.

자연의 신비를 알고 나서야 나는 그 사실을 깨달았다. 나는 이미 더 이상 채울 것이 없는 위대한 존재라는 사실을, 내 인생을 걸고 매진할 대상은 내가 기쁨을 느끼고 내가 좋아하는 일이라는 사실을, 이 사회가 존재들의 위대함을 모르고 엉터리 순서만 매기고 있다는 사실을 말이다.

세상이 어떻게 돌아가는지 그 원리가 서서히 보이기 시작했다. 그 원리를 알면 우리는 이미 모두 위대한 존재기 때문에 행복할 수 있다는 믿음을 갖게 되었다.

자연은 위대한 스승이다. 나는 정말 운이 좋았다. 진화의학을 몰랐다면 지금까지도 내 자신이 뭔가 부족하다고 생각하고 끊임없이 채우기 위해 노력했을 것이다. 그리고 더 많은 돈을 벌기 위해 기를 쓰며 살았을 것이다. 돈, 명예, 결코 채워지지 않는 허상들을 채우기 위해서 각박한 삶을 살고 있었을 것이다.

그래서 나는 나의 남은 시간을 새롭게 사용하기로 마음먹었다. 그리고 자본도 마련하고 진화의학을 생활에 접목하는 구체적인 데이터를 마련하기 위해 '밥장사'를 시작했다. 스스로를 부족하다고 여기고 서둘러 포기한 채 자신에 대해 제대로 알아보지도 않고 자신이 가진 능력을 계발하지도 발휘하지도 않는 많은 청년들이 있다. 또한 자신이 그 일을 좋아하는지 하고 싶어하는지도 모른 채 사회와 타인의 시선과 기준에 맞춰 살아감으로써 진정한 삶의 기쁨을 누릴 자격을 스스로 박탈하며 살아가는 청년들도 역시나 많다. 나는 그 청년들을 위해 내 시간을 사용하기로 했다.

계속 공부 중이었지만 하루라도 빨리 진화의학의 관점을 공유하고 싶어서 미국에 있을 때부터 사람들에게 내가 알게 된 사실을 얘기해주기 시작했다. 사람들, 특히 젊은이들에게 진화의학을 통해 내가 먼저 알게 된 사실을 소개하는 중개자 역할을 해야겠다고 결심하게 된 것이다. 그렇게 된 가장 큰 계기는 빌 게이츠와 워런 버핏의 강의를 듣고 나서였다. 그들은 미국의 억만장자들에게 부의 사회 환원을 독려하고, 자신들 역시 기부와 사회 환원을 약속하고 실천하고 있다. 또한 청년들과의 소통을 좋아해서 학교 등 많은 곳에서 강의를 하고 있다.

나는 그들의 강의를 듣고 나서 문득 부끄러워졌다. 그들은
자신의 시간의 대부분을 다른 사람들을 위해 사용하고 있었다.
그런데 나는 하루 24시간 중 수면 시간 8시간을 빼고는 깨어 있
는 시간을 오직 나를 위해서만 쓰고 있었다. 나의 성공을 위해서
만, 돈을 벌기 위해서만 사는 인생이라면 허망할 것이라는 생각
이 들었다. 그때부터 나는 조금이라도 다른 사람을 위해 시간을
사용하겠다고 다짐했다. 내가 먼저 알게 된 자연의 비밀, 지구의
45억 년 역사가 들려주는 법칙을 함께 나눔으로써 말이다.

인생은 정해진
마라톤 코스가 아니다

스펙,
쌓지 말라

45억 년 지구의 역사는 우리에게 말하고 있다. 우리 모두는 각자가 이미 충분한 존재라고. 더 이상 채우고 쌓으려고 헛된 노력을 하지 말라고. 우리가 여전히 좌절하고 힘들어하고 불행하다고 생각하는 것은 우리 자신이 부족해서가 아니라고. 스펙을 더 쌓기 위해 기를 쓰면 행복해지는 것이 아니라고. 우리가 스스로를 부족하고 열등한 존재라고 여기는 것은 그것이 사실이어서가 아니라 사회가 자꾸 그렇게 몰고 가기 때문이라고. 우리 모두는 이미 엄청난 능력을 가지고 있기 때문에 수억 개의 정자와 한 개의 난자를 통해 태어났고 살아가고 있는 것이며, 우리의 능력은 아직 발견하지 못한 것 뿐이라고.

진실을 알게 되면 우리 모두는 행복해질 수 있다. 우리가 행복의 조건이라 믿는 성공과 그 성공의 기준들이 얼마나 편협하고 비생명적인 것인지 알면 우리는 우리를 더 사랑할 수 있고, 다른 사람을 더 사랑할 수 있고, 세상을 더 사랑할 수 있다.

우리는 더 이상 우리의 능력을 증명해줄 무엇인가를 갖추기 위해 노력할 필요가 없다. 그것이 자신이 원하는 삶을 살기 위해 취득해야 하는 기술적, 방법적 습득이라면 몰라도 단지 자신이 어떤 사람인가를 내세우기 위한 증빙서류를 위한 것이라면 그 의미도 모른 채 능력을 더 추가하려고 할 필요가 없다는 뜻이다.

아무리 노력해도 안 되는 사람은 없다. 다시 말하면 능력이 부족한 사람은 없다는 뜻이다. 이미 우리가 가지고 있는 것만으로도 충분하다. 단지 우리가 갖고 있는 능력들을 어떻게 끌어내고 어떤 방향으로 어떻게 활용할 것인지를 스스로 알아내면 된다. 다시 정리하면 세상에 '루저'는 없다. 다만 자신이 어떤 능력이 있는지 모르고, 가야 할 길을 못찾고 있을 뿐이다.

세상이 돌아가는 원리를 알면 길을 찾을 수 있고 자신의 꿈을 이룰 수 있다. 나는 자신의 꿈을 이루는 것을 성공이라고 본다. 자신이 가야 할 방향에 대해 관심을 갖지 않고 집중하지 않기 때문에 찾지 못하는 것이지 능력이 부족해서가 아니다. 사회가 내모는 대로 따라가느라, 다른 사람들의 시선을 신경 쓰느라 엉뚱한 길에서 시간과 열정을 낭비하는 바람에 꿈을 못 이룰 뿐이다.

기억해야 할 점은 꿈에는 등급도 없고 순위도 없다는 사실이다. 이런 사실을 확신을 가지고 믿어야 한다. 잘난 꿈도 없고 못난 꿈도 없다. 우리가 잊지 말아야 할 가장 중요한 점이다.

우리 회사에 입사한 친구 중에 소위 명문대를 나온 청년이 있었다. 부모님과 주위 사람들에게 인정받기 위해 열심히 공부했고, 좋은 직장에 다녀야 역시 인정받으니까 스펙이란 스펙을 다 갖추려고 했단다. '쉰다.'는 개념 자체를 잊고 살았다는 그 친구는 사실 마음속으로 간직해온 꿈이 있었다. 바리스타가 그것이었다. 스펙을 쌓는 틈틈이 커피 공부를 하고 바리스타 자격증도 땄다는 그 친구는 대기업에 취업하기 위해 몇 번 시도를 하다 마침내 과감하게 걸어왔던 궤도를 벗어나기로 결정했다. 타인에 의해 진행되던 삶에서 스스로 벗어나 새로운 길을 찾고자 마음 먹은 것이었다.

처음에 그 친구가 들어왔을 때 좋은 학벌과 스펙을 가진 친구라서 솔직히 이 일을 잘 견딜 수 있을지 걱정이 됐다. 하지만 본인이 열심히 하겠다는 의지를 보여 입사 후 매장에서의 서빙 일부터 맡게 했다. 나는 바리스타나 주방 일에 지원한 직원들도 처음에는 서빙을 하게 한다. 바리스타든 요리사든 외식업에서 일하려면 외식업 전체를 볼 줄 알아야 자신의 일도 잘할 수 있기 때문이다.

반 년 가까운 시간이 흐른 다음 나는 다시 그 친구와 일대일 인터뷰 시간을 가졌다. 그동안 지켜보면서 그 친구가 새로운 길을 찾았을 것이라는 느낌을 받았고, 자신의 꿈에 대해 더욱 진지한 자문을 해봤을 것이라는 생각이 들었기 때문이다. 그래서 어느 정도 시간이 흐른 후 그 친구가 일을 하면서 느꼈던 점들을 알고 싶었다.

바리스타로 살아야겠다는 꿈은 여전한 건지, 일을 해보면서 어떤 생각들을 하게 되었는지 물었다. 자신의 꿈이 무엇인지 이제 더 구체적으로 다가오느냐는 질문에 그 친구는 이렇게 대답했다.

"일하는 것이 재밌어요. 사장님 덕분에 새로운 관점으로 보니 세상이 조금씩 달라 보이기도 하고요."

"자신의 능력이 무엇인지 알게 되었다면 그것에 집중하며 갈 일만 남은 거야. 바리스타에 대한 마음은 여전하고?"

그 친구는 잠시 아무 말이 없었다.

"네. 커피를 아주 맛있게 만드는 실력 있는 바리스타가 되고 싶어요. 그리고 제 이름을 내건 레스토랑을 하고 싶습니다. 그곳에서 제가 직접 만든 커피도 팔고요."

내 짐작이 맞았다. 바리스타에 대한 관심이 높았고 맛있는 커피를 만드는 일에 재미를 느끼고 있다는 것을 짐작하고는 있었는데 또 다른 꿈을 갖기 시작한지는 몰랐다.

당시 그 친구에게 필요한 일은, 처음의 계획처럼 커피 수동 머신 다루는 법을 배우고 어떻게 맛있는 커피를 뽑을지 기술적인 면을 배우는 것이 더 이상 아니었다. 이러한 과정은 자신의 꿈이 최고의 바리스타라면 필요한 과정이지만 외식업으로 성공하고 돈을 벌고 싶다면 우선은 경영 마인드를 익혀야 했다.

그 친구는 4년 넘게 일하다가 독립해 자신의 꿈을 이루기 위한 첫 걸음을 뗐다. 쌀국수레스토랑이 그 첫 걸음인데 아주 잘되고 있다고 한다. 그 친구에게 고맙다는 인사를 들을 때마다 나는 항상 흐뭇하다. 자신의 꿈을 정확하게 찾았고, 자신의 꿈을 이뤄나갈 무대인 세상을 보는 눈을 기를 수 있었다며 고마움을 전하는 그 친구의 말은 소박하지만 가장 큰 기쁨을 주는 말이었다.

성공하는 삶이 행복하다. 문제는 그 성공에 대한 사회적 시각이다. 성공은 자기의 꿈을 이루는 것이라 생각한다. 호텔의 주인으로 성공하고 싶은지, 호텔 주방장으로 성공하고 싶은지 스스로가 알아낸 다음 그 목표에 집중해야 한다. 외식업의 경우,

경영자가 되고 싶다면 요리에 목숨 걸면 안 된다. 요리는 최고의 요리사를 채용하면 되는 것이다. 그보다는 고객이 편하게 찾을 수 있고 직원들이 행복하게 일할 수 있는 공간을 만드는 것에 더 집중해야 한다. 최고의 요리사가 되고 싶다면 요리에만 모든 것을 집중해 외국에서도 초빙할 만큼 실력을 갖춰야 한다. 무조건 열심히 하는 것이 아니라 자신의 꿈이 무엇인가에 따라 자신의 시간을 투자해야 하는 지점을 결정하고 그 일에 미쳐야 한다는 말이다.

나는 레스토랑 사업을 시작할 때 확실한 목표가 있었다. 우리나라의 수많은 청년들을 위해 내가 할 수 있는 일을 하기 위한 자본을 모으고, 또한 진화의학을 널리 알리겠다는 목표였다. 그렇기 때문에 직원들이 일터를 학교처럼 여기고 스스로 자생할 수 있는 방법을 배워가도록 하고 싶었다. 나는 정확하게 이 목표에 초점을 맞춰 나갔다. 빠른 시간 안에 사업이 안정될 수 있었던 것도 이러한 확실한 목표 때문이었다고 생각한다. 만약 내가 파스타 요리를 최고로 잘하는 사람이 되고 싶었다면 그 방향으로 나의 전부를 투자했을 것이다. 중요한 것이 바로 이 점이다. 궁극적인 목표가 달랐다는 것, 그것이 내가 청년들에게 해주고 싶은 말이다. 그 미묘한 차이 때문에 우리가 우리의 삶을 만족스럽게 완성해갈 수 있는지 아닌지 그 여부를 결정짓기도 한다는 점을 기억해주길 바란다.

친척 집에 얹혀살면서 고등학교를 다녔던 나, 선생님께서 해주신 등록금이 한두 번이 아니었던 나는 사회의 눈으로 보면 루저였다. 그래서 미친 듯이 사회가 인정하는 자격증을 따려고 기를 썼다. 하지만 그 질주는 끝이 보이지 않았고, 나는 늘 허덕이며 쫓기느라 행복을 몰랐다. 하지만 우리는 이미 그 자체로 자신의 삶을 행복하게 만들 능력을 다 가지고 있다는 사실을 알게 되면서 새롭게 살기 시작했다.

이제 자연이 알려준 위대한 비밀을 날마다 실감하며 살고 있다. 뒤늦게 알게 되어 아쉽지만 지금이라도 진짜 행복을 알게 되어 고마운 마음일 뿐이다. 그래서 청년들에게 자청해서 이야기해주고 싶은 것이다.

나는 불확실한 미래에 대한 불안과 자기 자신에 대한 불안으로 힘들어하는 청년들에게 열심히 하면 잘될 것이라는 위로를 하고 싶은 것이 아니다. 허약한 희망을 주고자 함도 아니다. 자연이 알려주는 대로 우리가 우리 자신을 바로 알고 자신이 좋아하는 것을 찾아서 몰두하면 분명 건강한 에너지가 생기고 원하는 것을 이룰 수 있다는 사실을 알려주고 싶은 것이다. 가장 중요한 것은 이미 더 보탤 것 없이 우리 자체로 우리 모두는 그러한 능력을 가지고 있다는 것을 말해주고 싶다.

출발은 늦어도 괜찮다. 길만 제대로 알고 있다면

《달팽이가 느려도 늦지 않다》, 제목이 마음에 들어 소장하게 된 책이다. 정목 스님이란 분의 책인데 가끔 꺼내 들고 아무데나 펼쳐서 읽는다. 원래 이 책의 제목은 프랑스 시인이자 영화감독인 장 루슬로의 시 〈다친 달팽이를 보게 되거든〉에서 나온 것이라 한다. 그 시의 둘째, 셋째 연을 살펴보자.

하늘의 여러 별자리 가운데서
제자리를 벗어난 별을 보거든 별에게
충고하지 말고 참아라.

별에겐 그만한 이유가 있을 거라고 생각하라.
더 빨리 흐르라고 강물의 등을 떠밀지 말라.
강물은 나름대로 최선을 다하고 있는 것이다.

나는 이 시를 좋아한다. 물론 시인이 말하고자 하는 것과 내가 느낀 것이 다를지 모르지만, 머리와 가슴을 한 번에 트이게 하는 시다.

우리 사회는 어떤가? 빨리 가라고 야단이다. 빨리 가고 더 많이 가지라고 닦달하고 그 시류에 못 따라가면 왠지 '낙오자' 같은 기분이 들게 한다. 그러다 보니 많은 사람들이 자신의 길인지 아닌지 살펴보기도 전에 출발부터 한다. 아니, 아예 자신의 길이 어떤 길이어야 하는지, 그 길에 무엇이 있어야 하는지도 모른 채 서둘러 걸음만 재촉한다. 다른 사람들보다 뒤처지지 않으려 눈치를 보면서 말이다.

모두들 덮어놓고 빨리 가고, 또 그래야 할 것 같은 분위기다. 그래서 많은 사람들, 특히 청년들이 자꾸 무엇을 하고 있지 않으면 안 될 것 같은 기분이 든다. 남들은 무언가를 하는 것 같은데 자신만 지금 손을 놓고 있는 것 같아 뒤처질 것 같은 불안감에 조바심친다.

절대로 조급해할 필요도 없고 두려워할 필요도 없다. 길을 찾는 것이 먼저다. 엉뚱한 길로 가서 만신창이가 되어 지쳐 돌아오는 것보다는 한 발짝도 출발하지 않는 것이 차라리 낫다. 물론 그중에는 무턱대고 출발부터 했는데 자신이 가고자 했던 길을 가게 되는 사람도 있다. 그런데 늘 누구에게나 그런 행운이 따르는 것은 아니다. 무기력하게 행운을 바라지 말고 스스로 만들면 되는 것이다. 길을 찾는 데 많은 시간을 할애해도 결코 더딘 것도 아니고 잘못된 것도 아니다. '늦다.'라는 기준을 누가 정했을까? 그 기준부터 의심하고 탈출해야 한다.

나 역시 30대 후반에 진화의학을 접했다. 그 후 내가 진정 가야 할 길을 찾았고, 마흔이 넘어서야 내 길을 가고 있다. 그 이전까지 무턱대고 열심히만 달리느라 고생했지만 스스로 만족하는 행복한 성공은 하지 못했다. 엉터리 짓을 하고 있다는 걸 느끼면서 불안해했는데 마흔이 넘어서야 그 이유와 함께 내 길을 찾은 것이다. 이후에는 빠른 시간 내에 이만큼 왔다. 40대도 이런데 20대가 그렇게 급할 이유가 있을까? 급할 것이 하나 없다. 문제는 길을 찾는 것이다. 그런 다음 출발해도 충분히 멋지게 자신의 길을 갈 수 있다.

레스토랑 직원 가운데 자신의 길을 찾고 새롭게 멋진 인생을 살고 있는 친구가 있다. 나랑은 가까운 친척 동생이다. 부모가 사회적, 경제적으로 성공한 집안이라 어렸을 때부터 귀하게 자란 동생이었다. 그런데 동생은 집안에서 골칫거리였다. 경제적으로 어려움을 전혀 느끼지 못했고 하고 싶은 것은 거의 다 하면서 살았다. 음악을 한다고 10년 넘게 시간을 흘려보냈지만 그마저 끝을 보지 못했고, 커피숍 등 차리는 가게마다 모두 망했다.

이 친구의 아버지가 내게 연락을 해왔다.

"너희 회사에서 일 좀 하게 해라. 이 놈, 인간 좀 만들어라. 도대체 뭘 해야 하는지 할 게 없어 보인다."

사실 거절할 수 없는 청이었지만 나로선 곤란했다. 친척이 입사하면 여러 가지 말이 날 수도 있고 다른 직원들이 혹여 불편할 수도 있기 때문이다. 그래도 동생에게 내가 해줄 수 있는 역할을 모른 체하는 것도 맘이 편치 않아 결국은 받아들이기로 했다.

처음 사장과 직원으로서 만나 면담을 할 때 동생에게도 다른 직원들과 마찬가지로 두 가지 질문을 했다.

"네가 음악도 해보고 다른 가게도 이것저것 다 해보다가 잘 안 된 상황을 두고 사람들은 패배자라고 말할 수도 있다. 하지만 난 그렇게 생각하지 않는다. 지금까지 이것저것 해본 것이 잘못된 것은 아니다. 진짜 좋아하는 일을 찾으려면 많은 일을 해보는 것도 필요하다. 그런데 내가 지금 알고 싶은 것은 네가 이 일을 제일 잘할 수 있고 좋아하는 일이냐는 거야. 아버지 말씀처럼 하고 싶은 것이 없으니까 하려는 건지, 잘할 수 있고 하고 싶기 때문에 열심히 해볼 수 있는 일이라고 생각해서 하려는 건지부터 알고 싶다. 외식업 일을 정말 좋아하고 차근차근 배우고 싶으냐?"

동생의 대답은 '그렇다.'였다.

나는 반신반의하며 동생을 매장에서 가장 기본적인 업무부터 시작하게 했다. 의외로 그는 정말 열심히 했고 일이 잘 맞는 것 같았다. 그렇게 5년 넘게 일하다가 퇴사하고 중국의 큰 외식 업체에 스카우트되어서 그곳으로 갔다. 본인이 새로운 곳에 가서 자신의 역량을 발휘하며 일하고 싶다고 해서 나는 기꺼이 축하하며 보냈다. 동생은 중국의 그 회사에서도 실력을 인정받아 외식업을 사업화하고, 메뉴를 정하고, 직원을 뽑고 교육하는 등 사업 전체를 관리하는 총매니저이자 점장으로 활동하고 있다. 내가 이 이야기를 하면서 행복한 이유를 굳이 말하지 않아도 알 것이다.

아버지에게는 '할 줄 아는 게 뭐 하나 없는' 골칫거리 아들이었던 그 동생은 중국 외식업체에서 손꼽히는 실력자가 되어 많은 곳에서 스카우트 제의를 받는 사람이 되었다. 오랜 시간 동안 늘 실패하는 낙오자로 찍혔고 부모의 근심거리였던 그 동생이 계속해서 같은 방식을 고집했다면 결국 지금의 길을 찾지 못했을 것이다. 이제 제대로 된 자신의 길에서 그는 청년 시절에 연주하던 기타 대신 멋지게 자신의 삶을 연주하고 있는 것이다. 더 행복하게 말이다.

빨리 가려고, 빨리 승부 보려고 하지 말라. 천천히 출발해도 늦지 않다. 가야 할 방향을 찾고 가기만 한다면!

이력서 대신 비행기 티켓

M은 대학 2학년까지 마치고 중퇴를 했다.

"고등학교 때까진 그냥 무조건 다 공부해야 하는 줄 알아서 했고, 대학은 남들 다 가니까 가야 하는 줄 알아서 갔죠. 그래도 대학은 내가 원하는 대학, 내가 원하는 과를 선택해서 갔어요. 대학에선 뭔가 다르게 공부할 거라 기대했고요."

그런데 현실은 M의 생각과 달랐다. M이 영문과를 간 이유는 영어를 모국어 다음으로 자유자재로 하고 싶어서였다. 그렇게 영어를 잘하고 싶은 이유는 M의 꿈이 여행 작가이기 때문이었다. 직접 발로 돌아다니며 몸으로 느낀 세상을 가슴으로 쓰고 싶었던 M은 꿈을 이루기 위한 첫째 수단으로 영어를 꼽은 것이다. 어쨌든 국제어였으므로 여러 나라를 다닐 때 좀 더 자유로울 수 있을 것 같다는 판단에서였다.

하지만 대학 수업은 고등학교 때와 별반 다르지 않았고 여전히 시험을 위한 공부를 했다. 수강 신청의 제1조건이 '점수가 후한 교수님인가, 아닌가.'였다. 졸업반도 아닌데 동기들은 벌써부터 좋은 데 취직하기 위해 필요한 과목을 듣거나 따로 학원을 다녔다. 여전히 교재나 시험 대비 관련 책들 외에 자신의 관심 분야에 관련되거나, 생각과 마음의 폭과 깊이를 더해주는 책을 읽는 사람은 적었다. 그럴 수밖에 없었다. 언론이나 다양한 영상 매체에서는 '취업 전쟁'과 '이태백'과 '88만 원 세대'에 대해 연일 떠들어대고, 교수들로부터도 "그렇게 해가지고 대학 졸업장으로 부채질이나 하게 될걸?"이라는 말을 들으니 다른 책을 읽는다는 것은 생각하고 말고 할 것도 없었다. 고등학교 때 선생님들이 귀에 못이 박이도록 하던 "너 그렇게 해가지고 대학은 언감생심 꿈도 꾸지 마라."라는 말과 다르지 않았다.

벼락치기 공부를 하고, 학교에 머무는 내내 교과서나 문제집만 들여다보던 친구들, 시험 기간이면 차갑게 흐르던 긴장감 속에서 숨이 막힐 것 같았던 고등학교 시절과 바뀐 것이 없었다. 달라진 거라고는 복장이 자유롭다는 것과 강의실이 여러 개라는 사실뿐이었다. M은 '이건 아니다.'라는 생각이 들었다. 계속 그 속에 있다가는 자신이 그려오던 대학 생활은커녕 여전히 고등학교 때처럼 시험이 인생의 목표인 양 살아야 할 것 같았다. 그렇게 취업 준비를 위해 학점 관리에다 스펙 쌓기로 20대를 다 보내버리고 나더라도 여전히 이어지는 또 다른 시험들 때문에 평생 시험 준비생으로 살아갈 것 같았다. 무엇을 위한 시험인지도 모르는 시험 말이다.

M은 대학 졸업장을 따고 안정적인 직장에 입사해 돈을 벌겠다는 계획을 일단 접었다. '내가 하고 싶은 일은 언제 할 수 있을까?'라는 질문이 가장 강력한 힘을 발휘했다. 만약 계획대로

진행되어 안정적인 직장에 입사하더라도 그 시점을 기약할 수도 없을 뿐만 아니라 이미 지쳐버려서 정작 꿈에 몰두할 시기가 오면 할 수 없는 상태가 되어 있을 것 같았다. 어쩌면 그때는 이미 꿈을 잃어버린 후일지도 몰랐다. 학점과 토익 점수에 눈이 벌게지도록 매달리고, 친구가 가진 스펙에 전전긍긍하며 이십 대를 보내는 건 자신이 생각한 이십 대가 아니었다. 그리고 그런 이십 대를 보내면 삼십 대도 사십 대도 여전히 쫓기듯 달려야 하고 여행 작가라는 꿈은 또 그만큼 달아나 있을 것 같았다.

M은 사회가 '앉아야만' 한다고 가리키는 의자에 앉기 위해, 앉을 수 있을지 없을지 알 수도 없고 앉아야 할 이유도 모르는 그 의자까지 가기 위해 투자할 노력을 자신의 꿈에 바로 투자하는 게 옳다고 생각했다.

M은 휴학을 했다. 다시 학교로 돌아갈 확률은 적었지만 반대하는 부모님이 배려한 선이 거기까지였다. 그리고 우리 회사에 지원했다. 내가 늘 묻는 두 가지 질문, "이 일이 정말 하고 싶고, 좋아서 하려는 거냐? 로또 400억 원에 당첨돼도 이 일을 할 거냐?"에 M은 분명하게 대답했다.

"죄송하지만 그것은 아닙니다. 저는 돈을 벌기 위해 이 일을 하고 싶어요. 지금부터 오랫동안 세계 여행을 다닐 계획이어서 경비 마련을 하려고요. 한 번에 다는 아니고 얼마 정도 모이면 일단 떠났다가 다시 돌아와서 일해 또 경비를 마련하고……. 하지만 일하게 되면 열심히는 할 겁니다. 하고 싶은 일은 아니지만 하고 싶은 것을 하기 위해 하는 일이니까요."

나는 M을 채용했다. M은 대부분의 사람들이 살아가는 방식에서 벗어나는 것을 두려워하지 않았다. 다른 사람들처럼 살지 않으면 낙오되고 루저로 취급받게 된다는 조바심으로부터 스스로 탈출을 시도했다. 그리고 제 길을 가기 위해 나름의 방법을 찾았고 최선을 다할 각오를 한 그가 어떻게 일을 할지는 보지 않아도 알 수 있었다.

M은 짐작대로 성실하게 일했고 빠른 속도로 업무를 익혔다. 그리고 2년을 일하고 그만두었다. 여행 작가로서의 첫 걸음을 떼기 위해서였다. 남아메리카 대륙에 있는 몇 나라들을 세계여행 첫 코스로 잡고서 즐겁게 계획을 짜는 M의 얼굴은 눈이 부셨다.

다른 친구들이 스펙 쌓기에 밤을 새울 때 M은 여행 코스를 짰고, 친구들이 수십 장의 이력서를 쓰고 낼 때 M은 비행기 티켓을 끊었다. 그리고 M은 떠났고 지금까지 세 장의 엽서를 보내주었다.

이력서를 쓰고 취직을 한 친구들에 비해 M이 잘사는 것이라고 말하고 싶은 게 아니다. '남이 가니까, 남이 하니까'는 최소한 하지 말자는 얘기다. 사회적으로 인정받는 듯이 보이는 몇 개의 의자만이 우리가 도달해야 하는 최고의 그 무엇이고 그 의자에 앉는 1퍼센트의 사람들만이 성공한 인생이 아니니 거기에 목숨 걸지 말자는 말이다. 그 의자에 앉는 것이 스스로 선택한 진정한 꿈이고 그곳에 앉아야만 행복할 것 같다면 그렇게 해야 한다. 하지만 우리 자신에게 물어보면 답이 나온다. 그것이 진정 자신의 선택인지는.

처음부터 1퍼센트만 앉을 수 있는 의자의 의미를 과대 포장한 현재의 사회와 우리들의 인식이 재고해봐야 할 부분임을 잊지 말자. 1퍼센트의 가치를 확대하기 위해 나머지 99퍼센트가 평가 절하되고 루저가 될 이유는 없다. 우리는 모두 저마다의 가치와 능력을 지닌 위대한 생존자들이니까 말이다.

잘하는 일을 할까,
좋아하는 일을 할까?

부러우면
지는 거다

"비전공자로서 전공하신 분들을 따라갈 수 있을까, 그들은 나보다 훨씬 먼저 시작했는데 내가 그만큼이라도 할 수 있을까, 특히 이미 어느 정도 실력을 인정받은 사람들도 계속 발전해갈 텐데 내가 과연 이 일을 잘할 수 있을까, 내 선택이 잘못된 것은 아닐까 하는 걱정이 자꾸 들어요. 다른 공부를 하고 있을 땐 그렇게도 사진을 찍고 싶었는데 막상 다 접고 사진에 매달리니 이제는 새로운 걱정이 생겼어요. 과연 내 선택이 옳을까 하는 걱정이에요. 비전공자도 잘할 수 있을까요?"

얘기하는 동안 내내 뭔가를 열심히 메모하던 눈이 동그란 젊은 친구가 내게 물었다. 두 시간 가까이 이어졌던 강의를 끝내고 질문이 없냐고 물었을 때 기다렸다는 듯이 제일 먼저 손을 든 친구였다. 그 친구는 사진작가가 되고 싶어서 1년 정도 다니던 회사를 그만두고 사진 찍는 일에 몰두하고 있다고 했다. 그런데 대학 때 사진을 전공한 것도 아닌데다 체계적으로 사진을 배운 적이 없어 막상 자신의 일로 사진을 택하고 나니 이런저런 걱정이 된다는 것이었다. 물론 전문가에게 사진을 배우고 있고 스스로도 다양한 방법으로 사진 공부를 하고 있지만 시간이 흐를수록 자신의 선택에 대한 자신감이 흔들리고 있다고 했다.

질문을 한 친구는 물론이고 함께 자리한 다른 친구들의 시선이 내게로 집중되었다.

이른바 '불금'이라 불리며 친구 혹은 지인들과 어울려 즐거운 시간을 보내는 금요일 저녁 7시 30분, 나는 성신여대 앞에 있는 작은 카페에서 7명의 청춘들과 만났다. '하우스토크House Talk'는 한 달에 두세 번씩 있는 모임이다. 나는 그들과 저녁을 먹으면서 약 2시간 동안 그들에게 들려주고 싶은 이야기를 했다.

하우스토크는 청년 10~20명과 함께 식사하면서 편안한 분위기에서 강의를 하고 서로 대화를 나누는 행사로 '청년멘토소사이어티'의 활동 중 하나다.

나 자신이 내게 필요한 진짜를 찾기 위해 워낙 많이 돌고 돌아온 사람이었다. 그렇기 때문에 누구보다 청년들의 길 찾기에 도움이 되고 싶었고, 그 첫 걸음이 바로 청년멘토소사이어티였다. 2년 전에 만들어진 청년멘토소사이어티는 젊은이들과 만나 인생에 대해 함께 얘기하며 자신의 성공 DNA를 발견하고 세상을 읽는 법을 나눠가는 모임으로 청년들과의 진정한 소통이 이루어지는 장이다. 나는 그들과의 소통을 통해 자연의 원칙, 우리들의 위대함을 소개해주고자 한다.

진화의학을 바탕으로 45억 년 자연의 역사를 연구하면서 나는 세상을 읽는 법을 자연으로부터 배우는 행운을 얻게 되었다. 정말이지 고마운 일이었다. 그러한 행운 덕에 진정한 행복을 찾게 되었고 더 많은 사람들이 나와 같은 행운을 누릴 수 있도록 도와야 한다는 결심을 했다. 그 또한 자연의 이치기 때문이다. 그래서 나는 기꺼이 자연을 소개하는 중개자가 되기로 했다. 새로운 인생이 시작된 것이다.

내가 가장 먼저 자연의 비밀을 소개해야 할 대상은 우리나라 젊은이들이어야 했다. 호락호락하지 않은 세상, 끊임없이 경쟁 구도로 진행되는 세상에서 늘 불안을 느끼며 아파하는 대한민국 청춘들이 자연의 원리를 통해 자신의 능력을 발견하고 세상을 읽는 통찰력을 가질 수 있도록 도와주고 싶었다.

청년멘토소사이어티는 거창한 모임이 아니다. 이미 존재하는 자연의 역사를 그저 한 발 먼저 알게 된 선배가 청년들에게 소개해주고 함께 생존의 지혜를 공유해가는 모임이다.

나는 사진작가를 꿈꾸는 그녀에게 물었다.

"사진을 찍는 게 좋아요?"

"네. 정말 좋아요. 대학 진학하면서는 부모님의 반대도 있었고 저도 안정된 직장이 필요하다는 생각을 했기 때문에 전공으로 택하지 못했지만 늘 카메라는 분신처럼 가지고 다녔죠."

그러고 보니 계속 셔터를 누르던 그녀였다. 세팅된 테이블도, 음식이 차려질 때도, 내가 이야기를 하고 있을 때도 사진을 찍었다.

"다니던 회사를 그만두고 본격적으로 사진을 시작하기가 쉽지 않았을 텐데 실행한 것을 보면 그런 고민은 그다지 강력하지 않은 것 같은데요? 이미 바람이 들어도 단단히 든걸."

내 말에 모두들 웃었다. 나는 다시 물었다.

"사진을 찍는 동안에는 고민이 안 되나요?"

"네. 그땐 어떻게 하면 더 잘 표현할 수 있을까만 생각하죠. 몇 시간씩 찍어도 시간 가는 줄 몰라요. 그런데 문득 다른 일을 할 때, 혹은 내가 찍은 사진들을 볼 때 늦게 출발한 내가 과연 전공자들보다 잘할 수 있을까 하는 고민이 돼요."

그 친구의 눈에서 절실함이 보였다. 그 친구의 말을 듣는 다른 친구들의 눈빛도 살아 있었고 가벼운 고갯짓과 숨소리도 들렸다. 하우스토크여서 가능한 일이라고 생각한다. 대화를 나누는 친구들과 이어져 있다는 느낌을 가질 수 있다는 것이 하우스토크의 매력이다.

"내가 생각하기에 그대는 행운아예요. 지금 그 나이에 자신을 '올인'할 꿈을 찾았으니까요. 그리고 전공했느냐, 안 했느냐는 중요한 문제가 아니라 생각해요. 특히 사진과 같은 예술 분야는 더욱 그렇죠. '크리에이티브'는 배워서 길러지는 게 아니잖아요? 절실함이 있고 열정이 있으니 본인이 원하는 방향으로 가게 될 겁니다."

"손꼽히는 사진작가 중에서도 비전공자가 많은 걸로 아는데……."

맞은편에 앉았던 청년이 말했다. 우리는 전공과 학력에 관한 이야기로 자연스럽게 화제를 옮겼다. 서로의 이야기를 경청하고, 다른 생각도 편안하게 이야기했다. 무엇을 어떻게 말해야 하는 기준은 없다. 금지사항도 없다. 우리들의 '토크'는 그렇다. 오랜 벗처럼 함께 허심탄회하게 진솔하게 이야기를 나누는 것, 어려워 보이는 일이 막상 해보면 쉽다.

"좋아하는 일을 해야 할까요? 잘하는 일을 해야 할까요?"

이번에는 다른 청년이 물었다.

"지금까진 그렇게 분리하는 편이었죠. '좋아하는 일을 하면 굶는다, 잘하는 일을 해라.' 어른들이 많이들 그러죠? 그런데 좋아하는 일과 잘하는 일은 한 몸이라고 생각해요. 좋아하는 일이 물론 한 가지만 있을 순 없겠지요. 그래도 가장 좋아하는 일이 있기 마련이에요. 그걸 어떻게 아냐고요? 그걸 아는 방법은 그 일을 하는 동안 얼마나 집중하는가를 되짚어보면 돼요. 물론 다른 이유에서 집중을 하기도 하죠. 시험을 잘 봐야 하니 공부에 집중하기도 하듯이. 하지만 알잖아요? 공부에 집중력을 보이는 사람들은 극히 소수라는 것. 그저 집중하는 척하는 거지."

모두들 웃으면서 고개를 끄덕였다. 나는 앞으로 스스로 그려나가야 할 그림들이 무궁무진한 그들의 눈 속에서 호기심과 강렬한 열정을 보면서 좋아하는 것과 잘하는 것에 대한 이야기를 이어나갔다.

가장 좋아하는 일을 할 동안에는 시간이 흘러가는 것을 잊는다. 집중하기 때문이다. 좋아하면 집중하게 되고 집중하다 보면 잘하게 되어 있다. 좋아하는 일인 줄 알았는데 잘하지 못한다고 해서 실망할 필요가 없다. 더 좋아하는 일이 분명 있을 것이기 때문이다. 거꾸로도 마찬가지다. 잘하는 일이라면 좋아하게 되어 있고 잘하는 데다 좋아하기까지 하면 더 잘하게 된다.

어떤 일을 좋아하지만 재능이 없다고 좌절하는 사람들이 많다. 사실 모두에게 재능이 있는 것은 아니다. 하지만 재능만이 성공의 열쇠고 행복의 조건은 아니다. 우리에겐 재능을 능가할 다른 무기들이 있다. 재능이 있는 사람이라도 그 일을 좋아해야 계속하게 되고 그래야 잘하게 되고 그때야 비로소 재능이 더해지면서 성공하는 것이다.

자신이 좋아하는 일에 재능이 없다면 자신이 왜 그 일을 좋아하는지 냉정하게 자문할 일이다. 그 일의 어떤 점을 좋아하는지, 자신의 어떤 면과 맞아서 좋아하는지, 그 일을 할 때 어떤 기분이고 어떤 상태가 되는지 잘 관찰해야 한다. 더 좋아하는 일이 있는데 자신의 눈과 마음을 가리고 있는 다른 장막, 특히 사회적 시선이나 외적인 조건 등의 장막이 있을지도 모른다. 자신을 바로 알고 세상을 제대로 읽을 때 우리는 우리가 '올인'할 만한 일을 찾게 된다.

그런데 잘하는 일의 범위를 넓게 잡아야 한다. 예를 들어 운동에 재능이 있다면 그 범위를 크게 잡아야 한다. 한 가지 운동에 국한하지 말고 '운동과 관계되는 모든 것'으로 범위를 넓히는 것이 필요하다. 이 중에서 좋아하는 것을 찾으면 된다. 도중에 바뀌어도 괜찮다. 다르게 말해, 좋아하는 것의 범위를 넓게 잡고 그중에서 잘할 수 있는 것을 찾아도 된다.

잘할 수 있는 것과 좋아하는 것. 이 두 가지가 조화롭게 잘 결합될 때 우리는 우리의 꿈을 이룰 수 있다.

내가 직원 채용 면접이나 직원 교육 때 늘 하는 두 가지 질문이 있다. 첫째 질문은 "당신은 세상에서 할 것이 없어서 우리 회사에 들어왔습니까? 아니면 어떤 회사든 입사할 수 있고 마음만 먹으면 뭐든 할 수 있지만 요리를 좋아해서, 혹은 외식업이 좋아서, 그리고 다른 분야보다는 이 분야에 더 소질이 있어서 선택한 것입니까?"라는 요지의 질문이다.

만약 정말로 할 것이 없어서 그 회사에 다니고 있다면 그것은 참으로 슬픈 일이다. 반대로 자신이 좋아서 선택한 일이고 직장이라면 굉장히 기쁜 일이다. 본인이 좋아서 선택했다면 그 어떤 일도 부끄러운 일은 아니다. 슈퍼마켓에서 점원으로 일한다고 해서 부끄러울 이유가 하나도 없다. 그 직업이 사회적으로 어떤 시선을 받든 그것은 중요하지도 않고 진실하지도 않다.

비유를 들어보겠다. 어떤 개구리가 큰 먹이를 사냥하는 사자를 부러워했다. 개구리는 생각했다. '사자의 사냥법이 대단하군. 어쩜 저렇게 큰 먹이를 잡을 수 있지? 나도 사자의 사냥법을 따라해야겠다.' 그날부터 개구리는 사자처럼 사냥하는 것이 꿈이 되었고 그 꿈을 위해 열심히 노력했다.

이 우화를 어떻게 생각하는가? 먹이를 많이 구하는 사자가 부러운가? 사자의 사냥이 소위 말해서 뜨는 직종인가? 이런 개구리가 자연에서 살아남을 수 있을까?

한마디로 개구리가 사자를 부러워하면 생존할 수 없다. 개구리는 뛰어야 살 수 있다. 날렵한 혀가 무기다. 남들을 부러워할 필요가 전혀 없는 것이다. 부러우면 지는 거다. 남의 것을 따라하지 말고 자신의 성공 유전자를 이용해야 한다. 그렇지 않으면 실패만 있을 뿐이다. 정부나 언론에서 '미래의 유망 직종'이라는 것을 발표한다. 무엇이 유망 직종이라는 것인가. 자신에게 맞지 않는 것은 유망 직종이 아니다. 자신의 DNA를 무시한 유망 직종이란 것은 없다. 자신이 좋아하고 잘할 수 있는 것이 유망 직종이다. 자연의 생명들은 다른 생명체를 부러워하지 않고 자신의 길을 간다. 유독 사람들만 남을 부러워하고 있다.여기서 잊지 말아야 할 것이 있다. 자신이 좋아하는 일을 한다고 해서 힘들지 않은 것은 아니다. 절대 결코 아니다. 좋아하는 일도 그 일을 하며 뭔가를 이루기 위해선 피땀 흘리는 노력을 해야 하고 그 과정에서 정말 너무 힘들어 그만두고 싶을 때가 생긴다. 좋아하는 일을 하면 늘 즐겁고 재미있게 할 수 있을 것이라 생각하면 큰 오산이다.

우리 직원들 중에도 외식업 일이 좋아서 입사했는데 생각보다 너무 힘들어서 못하겠다고 말하는 직원들이 있다. 그때 나는 히말라야의 에베레스트 같은 산을 등반하는 사람들의 이야기를 해준다. 나 역시 안나푸르나에 도전한 적이 있지만 3,000미터 지점에서 죽을 뻔해 어쩔 수 없이 내려왔었다. 에베레스트를 등반한 사람에게 물어보면 정말로 어려운 일이라고 말한다. 하지만 자신이 산에 오르는 것을 진정으로 좋아하기 때문에 다시 또 오른다고 한다.

"그 사람들도 산을 오르면서 다시는 산을 오르지 않겠다고 결심한다고 해요. 다시 산을 오르면 사람이 아니라고 결심한다는 거지. 그런데도 살아서 땅으로 내려와 며칠 지내다 보면 어느새 다시 올라갈 날을 꿈꾸고 계획한대요. 왜? 자신이 좋아하는 일이고 자신이 할 수 있는 일이기 때문입니다."

아무리 좋아하는 일을 하더라도 힘들지 않은 것은 아니다. 자신이 좋아하는 일을 하게 되면 언제나 기쁘고 언제나 행복할 것이라고 착각하지 말아야 한다. 내가 하고 싶은 말은 자신이 좋아하는 일을 하면 그 일을 누구보다 더 잘할 수 있게 되고 그래서 성공할 수 있다는 말을 하는 것이지, 좋아하는 일을 하면 마냥 재미있고 살맛이 난다는 말을 하는 게 아니다.

젊은 친구들 중에는 '좋아하는 일 = 재미있고 힘들지 않은 일'로 잘못 연결하는 사람들이 의외로 많다. 물론 자신이 좋아남들 자는데도 열심히 하고, 배고픈 줄도 모르고 하고, 손에 피가 나는 줄도 모르고 하면서 힘들어도 행복하다고 느낄 수 있다. 하지만 그게 전부가 아니다. 실제로는 어떤 일이든 성공하려면 도망치고 싶을 만큼 힘들다는 사실 역시 잊지 말아야 한다.

내가 직원들에게 하는 두 번째 질문은 "만약에 네가 로또 400억에 당첨되어도 이 일을 할 것인가?"이다. 400억 원이 생기면 일하지 않아도 살 수 있다. 이 질문은 그만큼 현재 하고 있는 일을 좋아하느냐는 질문이다. 그만큼 좋아하는 일을 선택하면 저절로 집중하게 되고 저절로 10년, 20년, 30년, 40년, 지속적으로 하게 된다. 그리고 그렇게 되면 무조건 성공한다. 구두를 30년간 집중해서 만들었다고 생각해보자. 구두의 명인이 되지 않을 수가 없다.

그래서 나는 직원 교육을 할 때마다 빠트리지 않고 꼭 말한다. 할 게 없어서 왔다면 그만두라고. 다른 일을 할 능력이 있지만 좋아서 하는 일이라면 성공의 길을 찾을 수 있다. 하지만 오로지 돈만 벌고자 일한다면 아무것도 이룰 수 없다고.

청춘을 그렇게 낭비한다면 슬픈 일이다. 청춘은 시간이라는 큰 에너지를 가지고 있다. 자신이 좋아하는 일을 찾고 몰입하기에 충분하다. 청춘은 사회적 인식이나 가치 따위는 신경 쓰지 말고 자신이 좋아하고 잘하는 일을 찾고 그 일에 몰입해야 한다. 그렇게 몇 십 년 살면 반드시 뭔가 이루게 된다.

우리 회사 직원들은 자부심이 강하다. 그 이유가 바로 자신들이 스스로 선택한 일이기 때문이다. 주방에서 음식을 만들고 홀에서 서빙을 하는 일을 사랑하기 때문에 어느 자리에서도 떳떳하게 자신의 일을 말할 수 있는 마인드를 갖고 있다. 나는 그들이 반드시 성공한 인생을 살아갈 것이라 확신한다.

청년멘토소사이어티를 통해 많은 청년들을 만났다. 훌륭한 청년들을 만나보는 기쁨과 함께, 내 이야기를 듣고 중요한 결정을 내릴 수 있었으며 새롭게 세상 보는 연습을 한다는 말들을 들으면 보람도 느낀다. 게다가 더 많은 친구들이 함께 듣기를 바란다는 말들을 들을 때면 그야말로 천군만마를 얻은 기분이다. 내가 바라는 것을 그들도 바란다는 사실, 그 자체가 기쁨이고 보람이다. 그리고 젊은 그들이 사회가 일방적으로 정해버린 룰과 라운드를 거부하고 사회가 인정하는 가치에서 자유로워지기 위해 나름의 나아갈 길을 준비하는 모습들이 눈부시게 건강해 보인다. 사회가 쳐놓은 울타리 안의 안정을 과감히 거부하고 진정한 자신을 찾아 도전하는 그들이 자랑스럽다. 내가 바쁜 중에도 청년들과의 만남을 소홀히 할 수 없는 이유다.

박수 받으려
하지 말라

'우이헌(우리들의 이상한 헌책방)'이란 문화 공간이 있다. 나는 2012년 말에 그곳에서 열리는 사진전 겸 연말 파티에 초대받았다. 사회복지를 하는 사람들이 모여서 운영하는 곳이라 했다. 사실 처음에는 머핀과 샌드위치를 협찬해달라는 요청을 해왔는데 협찬하는 대신 내가 강연을 하기로 했다.

"나는 이상한 강사입니다. 강사료를 받는 게 아니라 지불하면서 강의를 하는 사람입니다." 강의의 처음을 그렇게 시작하자 사람들이 웃었다. 사실이다. 나는 강의료를 받지 않더라도 강의를 한다. 내가 알고 있는 것을 젊은 친구들에게 전해주고 싶어서다. 청년들이 과거의 나처럼 자신의 길을 찾기 위해 먼 길을 돌아오지 않도록 작은 힘이나마 보태고 싶기 때문이다.

대부분의 사람들은 꿈을 이루고 사는 삶을 동경한다. 그러면서도 한편으로는 꿈을 이룬 삶은 특별한 소수의 사람들에게만 주어진 특권이라 생각한다. 마치 스타급 연예인을 좋아하듯 꿈을 비현실적인 존재로 여기는 것을 당연하게 받아들이면서 말이다.

누구든 꿈꿀 수 있고 그 꿈을 이룰 수 있다. 그리고 꿈을 이룬 인생이 바로 성공한 인생이라고 나는 생각한다. 또한 꿈에는 서열이 없다. 꿈은 비교할 수 있는 것이 아니다. 그런데 현재 우리 사회는 꿈에도 마치 순위가 있듯이 또는 가치에 차이가 있듯이 몰아가는 분위기다. 그래서 많은 젊은이들이 자신에게 맞는 옷인지 아닌지 생각도 하지 않은 채 그 옷을 사려고 기를 쓰고 경쟁의 대열에 끼어 무작정 달리고 있다. 선두 그룹에 속하기 위해 목이 타들어가는 갈증을 느끼면서도 쉬지 않고 달린다. 선두 그룹에 속하는 사람들은 자리를 빼앗길까 봐 또 멈추지 않고 달린다. 자신이 달리고 있는 그 길의 끝에 무엇이 있는지 아는 사람은 적다. 그런데도 달리고 또 달린다. 주변을 살피지도 않고, 함께 달리는 사람들을 보지도 않는다.

나는 우리 젊은이들이 허깨비가 되어 달리는 그 대열에서 주체적으로 빠져나오거나 주체적으로 달리기를 바란다. 우리가 서로 다르게 생겼듯이 꿈도 각기 다 다를 수 있다. 그리고 우리 모두가 각각 귀하고 소중한 존재이듯 모든 꿈도 각각 다 가치가 있다. 나는 젊은 친구들이 이 사실부터 분명하게 믿고 시작하길 바란다.

성공한 삶이란 자신의 꿈을 이룬 삶인데 이상하게 우리는 박수를 받는 데 목표를 두고 있다. 아니, 애초부터 박수 받을 수 있는 꿈을 꾸고 또한 이루고 싶어 한다. 자신이 좋아서 선택한 꿈이 아니라 세상 사람들로부터 박수 받을 수 있는 꿈을 목표로 삼는 것이다. 그래서 박수 받는 일 자체에 중독되어 있는 경우가 많다.

자신이 원하는 것을 하고 싶어 꿈꾸는 것인지, 사람들로부터 박수를 받고 싶어 하는 것인지 제대로 살펴볼 일이다. 남이 박수를 치든 말든, 자신이 좋아하는 일에 미쳐 몇 십 년을 한다면 그 분야의 일인자가 되기 마련이다. 청소년들의 꿈이 연예인에 몰려 있는 현상도 이러한 박수를 받는 직업에 대한 무분별한 동경에 의한 것이 아닌가 한다.

일본의 경우에는 남이 인정하든 안 하든 제 분야에 매진하는 장인들이 많고 그 점이 일본의 경쟁력의 원천이기도 하다. 우리도 박수의 유혹이 아니라 진정 자신이 좋아하고 잘하는 일에 자신을 바치는 사람들이 많아지길 바란다. 그러려면 사회 인식 역시 변해야 한다. 박수에 인색하지 않은 방향으로 말이다. 특정 분야에만 박수를 치고 환영을 하니 젊은이들의 시선과 꿈이 좁은 그곳으로만 몰리는 것이다.

비슷한 예로 올림픽 경기를 보자. 일단 종목부터 더 많아져야 한다는 게 나의 생각이다. 그리고 인기 종목과 비인기 종목의 경계가 많이 허물어져야 한다. 올림픽 종목에 포함조차 되지 않은 분야의 선수들은 아무리 고생해도 스포트라이트를 받을 수가 없다. 그러니 흥이 나지 않아 더 많은 노력을 기울이기가 쉽지 않다. 고독한 싸움에서 지치지 않는 열정을 유지하기란 보통 일이 아니다. 또한 올림픽 종목이긴 하지만 비인기 종목의 선수들도 크게 다르지 않다.

이 지점에서 우리가 인기 종목이나 올림픽 종목 선수들에게만 박수를 치고 있는 현상에 대해 더 살펴봐야 하지 않을까? 박수를 받기 위해서가 아니라 자신의 생을 걸 만한 것을 선택해야 한다는 말이 그저 '이상적'인 말이 되지 않으려면 우리 스스로 박수를 치는 입장에서도 생각해봐야 한다. 자신의 분야에서 진정한 땀을 흘리는 사람에게 골고루 진심 어린 박수를 쳐줘야 하는 것이다.

인생도 비슷하다고 생각한다. 우리는 박수를 받는 사람이자, 박수를 치는 사람이다. 박수에 흔들리지 말아야 하며, 동시에 박수에 인색하지 않은 사람들이 많아질 때 우리는 스스로 귀해지고 서로가 서로에게 가치 있는 존재가 되고 그리하여 우리 사회가 행복해질 것이라 나는 생각한다. 명문대에 진학하거나 알려진 회사에 취직하고 의사나 판검사가 되어야 박수를 쳐주는 분위기니까 너도나도 그저 명문대 입학과 대기업 취업과 몇몇 직업군에 속하기 위해 목숨을 거는 것이다. 하지만 그중 관문을 통과하는 사람은 극소수다. 나머지 사람들은 좌절감만 맛볼 뿐이고 스스로 낙오자란 생각에 진정한 자신을 찾아볼 의지마저 상실한다.

성공한 삶을 살고 싶다면 성공에 대한 기준과 의미부터 새롭게 생각해야 한다. 그리고 자신이 하고 싶고 잘하는 일이기 때문에 선택했는지, 아니면 사람들의 시선을 의식해서 선택한 것인지 냉정하게 판단해야 한다.

2004년도쯤 어머니가 편찮으셔서 귀국해 어머니를 모시던 때가 있었다. 그 무렵 대구 MBC에서 전원주 씨와 함께 〈세상 사는 이야기〉라는 프로그램의 MC로서 1년 정도 활동을 했다. 지역 방송이라 그랬는지 곧 얼굴이 알려졌는데, 그 경험을 통해 다시 한 번 확인한 사실이 바로 인기란 거품과도 같다는 것이었다. 물론 내가 연예인도 아니었지만 인기의 한계를 경험한 것이다.

일부 젊은 연예인들을 보면, 혹은 연예인을 꿈꾸는 청년들을 보면 그때가 생각나면서 더욱 안타깝다. 진정 실력 있는 음악가나 연기자가 되려고 하는 것이 아니라 단지 인기를 끌고 싶은 경우가 많은 것 같다. 특히 비전문가인 내가 볼 때도 그 분야에 별다른 열정은 없지만 단지 박수가 받고 싶어서 스타가 될 기대를 하고 있는 사람을 보면 꿈이 아니라 허망한 환상을 품고 있다는 생각마저 든다.

그러면서 선배 세대로서 책임도 느낀다. 자신의 진정한 꿈을 발견하지 못한 채 허깨비 같은 존재를 좇는 데는 사회와 그 사회 구성원 모두의 책임이 있기 때문이다.

세상에는 표범이나 사자만 있는 것이 아니고 개구리나 사슴도 있다. 서울대를 가는 사람도 있고 고졸의 채소 가게 사장도 있다. 게임하는 사람도 있고 글 쓰는 사람도 있다. 도마뱀의 생명이나 사슴의 생명이나 다 존귀하듯이 그림 잘 그리는 사람이나, 옷 장사를 하는 사람이나, 최고의 명문대 출신이나, 판사가 된 사람이나 모두 다 박수를 받는 세상이 될 때 우리는 자신을 제대로 발견하고, 자신의 가야 할 길을 찾게 되며, 그 길을 행복하게 갈 수 있는 것이다.

이러한 사실을 아무리 강조해도 믿음이 가지 않을 수 있다. 나 자신이 소위 말하는 사회적으로 성공을 한 사람이기 때문이다. 그래서 진화의학을 소개하는 것이다. 내가 전해주고자 하는 것이 나의 생각이 아니라 45억 년 동안 증명되어온 사실이라는 것을 알려주는 것이다.

청년들이 인기와 다른 사람의 박수에 연연해하지 말고 진짜 자신의 꿈을 이루기 위해 노력하고 또 이루었으면 좋겠다. 그러기 위해 자신이 하고 싶은 것에 진지하게 집중하기를 바란다. 나는 그런 세상이 올 수 있도록 미력한 힘이나마 쏟을 것이다.

꿈을 서빙하는
한의사

청년멘토소사이어티가 더디지만 착실하게 제 역할을 해나가기 위해서는 베이스캠프가 있어야겠다는 생각을 했다. 그래서 탄생한 곳이 바로 '닥터레시피'라는 레스토랑이다. 우리나라 청년들이 세상을 제대로 읽고 자신의 인생을 스스로 그려나가는 힘을 가질 수 있도록 돕고 싶다는 나의 바람을 더 구체적으로 실천하는 무대다.

닥터레시피를 꾸려나가며 동시에 청년들과의 만남이 지속적이고 실질적으로 이뤄질 수 있도록 기획하고 관리하는 인재가 필요했다. W 간사와의 만남은 그런 시기와 맞아떨어졌다.

W 간사는 나를 만날 당시에 한의원에서 근무하는 한의사였다. 그곳 원장과 내가 아는 사이라 자주 들렀고 두루두루 함께 얘기를 나누는 기회도 많았다. 나는 W 간사에게 진화의학으로 보는 자연과 세상에 대해, 그리고 생존하고 있는 생명체의 위대함에 대해 말했다. W 간사는 무척 흥미로워했고 진화의학과 내

가 앞으로 하고자 하는 일에 큰 관심을 보였다.

W 간사가 진화의학에 관심을 보인 가장 큰 이유는 진화의학에서 한의학의 체질론과 비슷한 점을 발견해서라고 했다. 진화의학의 기본 시각은, 생존하는 각 생명체는 그 유전자가 지닌 특징으로 살아남게 되었고, 그렇기 때문에 각각의 생명체에 맞는 방법으로 살아간다는 것이다. 간단히 예를 들면 '호랑이는 고기를 먹어야 하고 소는 풀을 먹어야' 하는 이유가 생존에 유리했기 때문이라는 관점이다. 진화의학은 유전자 게놈 프로젝트가 완성되고 나서 더 힘을 받기 시작했다.

원래 사람은 다 다르게 태어났다는 것, 잘나고 못난 것이 아니라 유전자로 인해 어떤 사람은 장이 길게 태어나고 어떤 사람은 간이 크게 태어난 것이므로 그에 맞게 살아가야 한다는 진화의학의 관점은 서양 의학에서는 무시되던 부분들이었다. 하지만 한의학에서는 꾸준히 이야기해온 부분이다. 특히 체질학과 일맥상통하는 부분이 있기 때문에 W 간사로선 진화의학에 흥미를 느꼈고 더 배우고 싶었다고 했다. 그리고 때마침 그는 개인적으로 한의사로서의 삶에 진지한 고민을 할 때였다.

사실 한의대 출신들은 졸업을 하고도 진로에 대해 마음을 못 잡는 경우가 많다고 한다. W 간사는 자신이 '한의대 루저'였다고 말했다. 중고등학교 시절 늘 선두 자리를 다툴 만큼 공부를 잘했던 그는 한의사가 각광받는 사회의 분위기를 따라 한의학과로 진학했지만 공부로 둘째가라면 서러운 사람들 사이에서 헤매게 되었고 그 사실을 받아들이기 어려웠다고 했다. 꿈에 부풀던 대학 시절에 그렇게 좌절을 겪으면서 자신의 선택에 대해 의문을 품기 시작했다는 것이다.

그런 상황에서도 W 간사는 '청춘'이라는 단어를 잊어버린 채 책에 머리를 박고 살았지만 문득 '내가 어디로 가는 걸까?'라는 질문에 맞닥뜨려야 했고, 결국 휴학을 했다. 한의대의 경우 휴학을 하는 경우는 거의 없다고 한다. 그런데 그는 자신이 어디로 왜 가는지 알고 싶다는 욕구를 가라앉힐 수 없어 5학년을 앞두고 휴학한 뒤 호주로 유학을 떠났다. 아르바이트로 번 돈으로 차비만 마련하고 떠난 길이었고 호주에서도 아르바이트를 하며 지냈다.

휴학을 하고 호주로 유학을 간 것은 참 잘한 결정이라고 그는 생각했다. 학교에서 배우지 못한 많은 것을 배울 수 있었기 때문이다. 그는 호주에서의 경험을 통해 세상에 아주 다양한 사람들이 산다는 사실을 알게 되었으며 그때까진 상상도 못해본 다양한 일을 체험했다. 일 년이란 짧은 시간이었지만 중고등학교와 대학 4년 동안의 시간을 다 합쳐도 배우지 못했을 생생한 삶을 느꼈고, 그 덕인지 한국으로 돌아왔을 때 그의 시야는 더 넓어지고 틔어 있었다.

"호주에서 지내면서 처음으로 내가 한의대를 나왔으니까 꼭 한의사가 되는 것만이 길이 아니구나 하는 생각을 해봤어요. 그래도 2년 더 공부하고 졸업한 뒤에는 한의사가 되었죠. 한의사가 아니라면 무엇을 해야 할지 모르겠더라고요. 졸업은 했는데 여전히 방황 중이었다고나 할까요. 하지만 한의사로 살기 시작한 뒤로도 미래가 늘 불안했어요. 한의사들의 위치가 과거에 비해 흔들리는 상태였으니까요. 그런데 대표님이 위기가 곧 기회며, 진화의학으로 봤을 때 한의학은 더 발전하게 되어 있고 앞으로 한의사의 가치가 더 높아질 것이라고 말씀해주셔서 참 좋았어요."

한의사로서의 삶을 걱정하기에 오히려 지금의 좋지 않은 환경 때문에 한의사들이 더 연구하고 노력하게 될 것이고 결과적으로 나중에 한의학이 더 꽃이 필 것이라고 얘기한 적이 있었는데, W 간사에게는 힘이 된 모양이었다. 어느 한의사 선생들한테 듣는 것보다 감동적이었고 자신도 그렇게 되도록 일조하고 싶다는 생각이 들었다는 것이다.

그 뒤로 W 간사는 책을 추천해달라고도 했고 내가 강의하는 곳에 여러 차례 따라다니기도 하면서 진화의학을 공부했다. 창의적이며 도전적인 그를 보면서 청년멘토소사이어티를 맡기면 잘 꾸려나갈 것 같다는 생각이 들었다. 그래서 제안을 했다.

"나와 함께 우리나라 청년들을 위해 일해보지 않겠어? 새로운 인생에 도전해보는 거야. 진화의학이 알려주는 비밀, 세상을 읽는 통찰력을 널리 전하는 전도사, 어때?"

W 간사의 반응은 긍정적이었고, 나의 예상보다 훨씬 빨리 한의원을 그만두었다. 한의사 가운을 벗어던지고 그는 '닥터로빈'의 유니폼을 입고 서빙을 하는 것부터 배웠다. 서빙만이 아니라 주방 일도 배웠고, 음료부의 일도 배웠다. 한 매장이 아니라 전체 매장을 다 돌아다니며 열심히 배웠다. 스스로 매장을 운영

하려면 바닥에서부터 전체를 배워야 하기 때문이다. 그는 일을 배우는 속도가 빨랐다.

닥터레시피가 문을 연 지 4년이 되어간다. 청년들의 다양한 꿈들을 지원하기 위한 터전이 비옥한 땅으로 갖춰지고 있다. 이곳에서는 자주 다양한 이벤트를 한다. 맛있는 음식 냄새, 감미로운 커피 향과 함께 청년들이 열띤 토론을 하고, 새로운 도전을 하는 열정의 온도를 느낄 수 있는 곳이다.

이제 청년멘토소사이어티에는 고정 멤버인 W 간사 외에도 많은 청년들이 참여해 저마다의 능력을 발휘하며 활기찬 활동을 벌이고 있다. 또한 W 간사는 선후배 한의사들과의 교류를 통해 청년멘토소사이어티 활동에 다양함을 접목하고 있다.

소위 말해서 사람들이 부러워하는 직업 중의 하나인 전문직에 종사했고, 공부를 잘해서 한의대에 들어간 것 자체로도 세상에서 박수 받을 일이었다. 그런데 지금 그는 자신이 진정으로 하고 싶은 일을 하기 위해 한의사를 그만두고 레스토랑에서 서빙을 하고 있다. 이처럼 주위의 박수에 아랑곳하지 않고 자신의 길을 찾은 W 간사를 보고 있자면 든든한 마음을 감출 수가 없다. 또한 내가 꿈꾸고 있는 일을 더 잘해낼 수 있을 것 같은 자신감이 커진다. 그는 자신이 서빙을 하는 것은 음식만이 아니라 '꿈' 때문이라고 말한다. 자신처럼 미래에 확신이 없어 불안해하는 후배들에게 세상을 보는 방법을 나누는 일에 동참하게 되어 행복하다고 한다. 한의사로서만 살았더라면 결코 몰랐을, 자신의 숨겨져 있던 능력들을 끄집어내게 되어 기쁘다 한다. 엑셀 프로

그램도 다루지 못했던 그가 홍보 비용을 아끼기 위해 독학으로 배우기 시작한 포토숍과 일러스트레이터 프로그램은 이제 간간이 프리랜서로 활동할 만큼 일취월장했다. 우리에겐 우리가 알지 못하는, 우리가 알아주길 바라는 잠재능력이 많이 숨어 있는 것이다.

무엇보다 W 간사를 가장 기쁘게 하는 것은 스스로에게서 발견한 열정과 그로 인한 생기라고 한다. 그전에도 물론 그는 열심히 노력하며 성실히 살았다. 그런데도 자신의 선택에 자신이 없었으며, 그 때문에 미래도 불안했다. 그래서 항상 생기가 없었다고 한다.

"대표님 덕에 진화의학을 접하게 되었고, 자연의 역사를 통해 알게 되었죠. 나 자신은 그 자체로 이미 다 갖춘 상태며, 나 자신과 세상을 제대로 읽게 되면 행복한 성공을 거둘 수 있다는 사실을 배우고 나니 더 이상 두려운 게 없어요. 주눅 들 필요가 없었어요. 그래서 이제 미래가 두렵지도 불안하지도 않아요. 내가 정하지 않은 기준이나 분류 때문에 아등바등할 필요가 없으니까요. 스스로 나의 내비게이션을 만들어나가는 일은 쉽지 않지만 즐거운 일이에요. 그래서 더 많은 후배들에게 알려주고 싶어요."

누가 그린 것인지도 모르는, 이미 다 그려진 지도를 보며 자신이 도착해야 하는 목적지도 모른 채 길을 찾는 사람들, 혹은 모르는 길을 지도도 없이 무작정 열심히 걷기만 하는 사람들, 그들이 성공이라는 깃발을 꽂을 수 있는 확률은 매우 적다. 하지만 그들은 결코 게으르지도 무능하지도 않다. 자신의 노력에 의미를 부여할 수 없기 때문에 노력이 결실로 이어지지 못하는 것이다. 그렇기에 당연히 행복감을 느낄 수 없다.

성공에 대한 정의는 고정적이지 않다. 각자가 원하는 삶을 살며 자신의 꿈을 이룬다면 성공한 것이다. 청년멘토소사이어티는 더 많은 꿈이 살아 숨 쉬는 세상이 되도록 작은 역할을 하기 위해 오늘도 기쁘게 바쁜 일정을 보내고 있다.

필요한 건 나와 세상을 읽는 힘이다

작은 새가 하이에나와
버펄로를 물리친다

솔직히 삶이 녹록한 것만은 아니다. 열심히 한다고 하는데 뜻대로 되지 않고 자꾸 자신에게 실망하는 일만 늘어나면 더 힘들어진다. 그런데 실패가 되풀이되고, 뜻한 방향과 멀어지는 이유가 우리가 알아야 할 중요한 사실을 모르고 있기 때문이라면 어떻겠는가? 본질을 보는 시각을 가지지 못해서 헤매고 있는 거라면 이떻겠는가?

우리가 알아야 할 중요한 사실은, 우리는 이미 위대한 존재라는 사실이다. 우리는 누구든 자신의 꿈을 이룰 수 있는 존재다. 우리가 그 진실을 알아보지 못하기 때문에 자신이 뭔가 부족하고 무능하게 여겨지는 것뿐이다. 우리가 우리의 꿈이 아니라 다른 사람의 꿈을 좇고 있기 때문에 못난 존재가 되는 것이다. 우리에게 이러한 사실을 알려주고 길을 찾는 데 도움을 줄 스승은 바로 자연이다.

우리 삶의 스승인 자연이 언제나 우리 곁에 있다는 것은 엄청난 축복이다. 이제 더 이상 스승을 옆에 두고도 묻지 않고 엉뚱한 길을 힘들게 가는 어리석은 사람은 되지 말자. 자연에는 배울 것이 너무 많다. 자연에서 배우는 것을 우리 삶에 적용하면 우리는 행복해질 수밖에 없다.

북아메리카에는 물새라는 작은 새가 살고 있다. 이 새는 진화학자들이 자주 언급하는 새다. 보통 새들은 높은 위치의 나무에 집을 짓고 알을 낳아 새끼를 기른다. 그 이유는 적으로부터 알을 보호하기 위해서다. 사람을 포함해 많은 동물들에게 '알'은 영양소가 가득 든 종합 영양제다. 그렇기 때문에 알은 많은 다른 종들의 표적이 된다. 그래서 대부분의 새들은 침입자가 침범하기 어려운 아주 높은 나무 위에 집을 짓는다. 능력이 되면 될수록 더 높은 위치로 올라간다. 하지만 모든 새들이 그런 능력을 가지고 있지는 않다. 새라고 전부 높은 나무에 집을 지을 수 있는 것은 아니다. 낮은 곳에 집을 지으면 그만큼 생존이 어려운 건 당연하고, 그런 새의 알은 다른 동물의 먹이가 되기 마련이다. 그런데 나무가 아닌 땅 위에 알을 낳는 새들도 있다. 무척 위험해 보이지만 그 새들은 현재까지 살아남아 있다.

어떻게 능력도 부족한 이 새들이 살아남았을까?

작고 예쁜 북아메리카 물새는 나무 위 높은 곳에 집을 짓지 못하고 큰 냇가 자갈밭에 알을 낳는다. 그래서 이름도 물새라고 불린다. 물새가 알을 자갈밭에 낳는 이유는 자갈과 알의 색이 비슷하기 때문이다. 천적에게 들킬 위험이 현저히 줄어드는 것이다. 그렇다고 이러한 단순한 방법만으로 물새가 현재까지 살아남았을까? 세상에는 둔한 놈만 존재하는 게 아니라 아주 예민하고 영악한 놈들이 많은데 말이다. 하이에나가 그중의 하나다. 아주 영악하고 난폭한 놈이다.

하이에나는 냄새로 알과 자갈을 구별해낸다. 물새 또한 자신의 위장전술이 더 이상 효력이 없음을 알아차린다. 그래서 하이에나가 알을 노리며 접근해오면 얼른 알과 조금 떨어진 옆쪽으로 자리를 옮긴다. 그러고는 마치 날개를 다친 것처럼 한쪽 날개로만 퍼덕이면서 날지 못하는 척한다.

그렇게 물새가 알 옆에서 계속 퍼덕거리고 있으면 하이에나는 알 대신 큰 먹이로 관심을 돌린다. 그리고 날개를 퍼덕이고 있는 어미 새 쪽으로 방향을 바꾸어 다가간다. 물새는 더 세차게 날개를 퍼덕이면서 조금씩 더 멀리 도망을 가고 하이에나도 서서히 속도를 내기 시작한다. 하이에나는 물새가 날개를 다쳤으니 못날 것이 뻔하고 잡는 건 일도 아니라고 생각하며 점점 속도를 높여시 가끼이 다가간다. 그런데 둘 사이가 아주 가까워지는 순간 어미 새는 휙 하고 갑자기 날아가버린다. 그 모습을 보며 허탈해하는 하이에나가 눈앞에 선한 것 같다. 그러고는 '오늘은 재수가 없는 날이구나. 사냥에 실패했네.'라고 생각하고 원래는 알이 목표였다는 사실을 잊어버린다.

이런 식으로 어미 새는 알을 지킨다. 이것만이 아니다. 초원에는 하이에나만 사는 것이 아니라 버펄로도 있다. 이들은 수십에서 수백 마리씩 떼를 지어 다닌다. 영화에서 들판을 달리는 소 떼의 움직임은 장관이다. 그런데 버펄로 떼가 물을 마시기 위해 먼지를 일으키면서 냇가로 돌진해올 때 자갈밭 사이에 있는 새 알 몇 개를 어미 새는 어떻게 지킬 수 있을까? 하이에나가 공격해올 때처럼 '다친 척하는' 방법은 수백 마리의 버펄로 떼에게는 먹힐 리가 없다.

그래서 어미 새는 전략을 바꾼다. 버펄로 떼를 감지하는 순간 어미 새는 알 위에 올라가 앉는다. 그러고는 비행기 착륙을

유도할 때 양쪽 손에 깃발을 들고 아래위로 흔드는 것처럼 어미 새도 양 날개를 펴서 아래위로 계속 흔든다. 초식동물인 버펄로는 움직이는 동물이 눈앞에 있으면 그 자리를 피해가는 특징이 있다고 한다. 어미 새는 바로 그 점을 이용해서 알을 지키는 것이다. 어미 새가 계속 양 날개를 움직이고 있으면 버펄로 떼가 발견하고는 움직이는 동물을 피해 두 갈래로 갈라져서 물가로 방향을 틀어 가는 것이다.

이것이 바로 높은 나뭇가지 위에 집을 짓지 못하는 물새가 살아남은 방법이다.

물새 이야기에서 우리는 또 하나의 자연의 법칙을 배운다. 그것은 세상의 변화를 읽는 능력이다. 만약 물새가 하이에나가 알을 먹으려고 덤비는지, 버펄로 떼가 오고 있는지를 몰랐다면 벌써 지구상에서 사라졌을 것이다. '몸집이 크고, 잘 날고, 높이 나는지'가 새가 가져야 하는 능력의 전부는 아니다.

지금 우리가 보고 느끼는 자연에는 잘난 놈이 존재하지 않는다. 살아남은 존재들은 부족하다고 여겨지던 부분과 그 부분으로 인해 생겨난 또 다른 능력 때문에 살아남았다.

세상에서 벌어지고 있는 일들이 도대체 무슨 일인지, 무엇을 의미하는지 아는 힘이 필요하다. 그것이 생존의 비밀이다.

냉동 상태에서
다시 살아나다

평생 개구리를 집중적으로 연구하는 학자가 있다. 캐나다 칼턴대학교의 케네스 스토레이Kenneth B. Storey 교수는 개구리의 특성을 연구하고 있는데 그 분야에서 인정받는 권위자다. 그가 개구리 중 한 종류인 숲개구리를 연구할 때의 일이라고 한다.

어느 추운 겨울날, 연구에 쓸 목적으로 숲개구리를 몇 마리 잡아 비닐봉투에 넣고 자동차 트렁크에 넣어두었다. 그런데 저녁에 집에 들어가면서 봉투 꺼내는 일을 잊어버렸다. 다음 날 아침, 출근하기 위해 시동을 켜는 순간 그는 비로소 봉투 생각이 났다. 아차, 하며 트렁크에서 봉투를 꺼내 열어보니 개구리가 꽁꽁 얼어 있었다. 맥박도 정지된 상태였고 호흡도 없는 완전히 죽은 상태였다. 그만큼 추운 날씨였던 것이다.

그는 힘들게 잡은 개구리를 자신의 실수로 얼어 죽게 한 것에 속상해하면서 출근을 했다. 그는 연구실에 도착해 개구리가 든 봉투를 바로 버리지 않고 테이블에 올려놓고는 우선 처리해야 할 일을 하고 있었다. 약 15분쯤 지난 후, 정말이지 깜짝 놀랄 일이 벌어졌다. 꽁꽁 얼어버렸던 개구리가 물기와 얼음 덩어리를 털고는 팔딱팔딱 뛰기 시작한 것이다. 잠시 멍하니 있던 그는 개구리를 유심히 살펴보았다. 아까 죽었던 그 개구리가 틀림없었다. 신기하고 경이로운 일이었다. 그때부터 그는 개구리에 대해 더 깊은 관심을 가지고 본격적인 연구를 시작했다고 한다.

도대체 어떻게 다시 살아났을까? 완전히 얼어서 살아 있다는 생명의 증거가 하나도 없었던 개구리가 어떻게 다시 살아 폴짝폴짝 뛸 수가 있었을까?

개구리가 다시 살아날 수 있었던 이유에 대해 그는 이렇게 설명한다. 숲개구리는 주위 온도가 내려가기 시작하면 온도의 변화를 즉시 감지하는 능력이 있다. 기온이 봄의 온도인지, 혹은 앞으로 더 내려갈 온도인지를 알아차리는 능력을 갖고 있는 것이다. 영상 1도라고 해도 겨울이 오고 있는 시점이면 기온이 더 떨어질 것을 대비해야 하고, 반면에 같은 기온이라도 봄이 올 시점이라 앞으로 온도가 올라간다면 땅 밖으로 나갈 준비를 해야 되는데 숲개구리는 그 능력을 갖고 있었다. 만약 기온을 잘 판단하지 못했다면 에너지를 낭비해 자연에서 생존하기가 훨씬 어려웠을 것이다.

숲개구리는 겨울의 온도를 감지하면 대비를 시작한다. 몸속에 있던 물들을 몸 밖으로 전부 밀어내 몸 안에 수분을 거의 남기지 않는다. 몸 밖으로 물을 밀어내는 과정은 복잡하니 설명은 생략하겠다. 그보다는 영하의 날씨에 오래 노출되면 왜 생명 활동이 정지되는지에 대해선 설명을 덧붙인다. 물은 기온이 영하로 떨어지면 뾰족뾰족한 형태의 결정으로 얼게 된다. 뾰족한 결정은 세포를 찔러서 터뜨리게 되고 많은 상처를 낸다. 그렇기 때문에 다시 냉동 상태가 풀린다고 하더라도 세포는 이미 못 쓰게 되어 다시 살아나는 일은 불가능하다. 그래서 한 번 얼었다가 다시 녹은 고기나 과일은 맛이 없는 것이다. 냉동 고기가 생고기보다 훨씬 가격이 싼 이유다.

겨울철에 식물들이 건조한 상태가 되는 이유도 마찬가지다. 나무도 기온이 영하로 내려가면 나무 속의 물기가 얼음 결정체가 되어 자신의 세포를 손상시키는 것을 방어하기 위해 최대한 수분을 많이 내보낸다. 자기 몸을 바짝 건조시키는 것이다. 그래서 겨울나무들이 건조하고 불에 잘 타는 것이고, 겨울에 산불 위험성이 훨씬 높은 것이다.

숲개구리는 이렇게 몸속의 물을 거의 빼낸 상태로 꽁꽁 얼어 있었기 때문에 다시 녹았을 때 세포에 상처를 거의 입지 않았고 다시 살아날 수 있었다. 세포가 거의 손상을 입지 않았기 때문에 해동 후 각종 장기들이 다시 제 기능을 할 수 있었던 것이다.

여기서 우리가 눈여겨볼 것은 물을 몸 밖으로 빼내는 능력만이 아니라 변화를 인식할 수 있는 능력이다. 봄인지 가을인지를 아는 힘이 더 중요하다는 말이다. 즉 우리 인간에게 적용하면 세상을 읽는 힘, 이것이 중요한 핵심이란 말이다.

자신이 처한 환경의 변화를 놓치지 않고 파악하는 능력은 작은 식물에게도 있다.

오스트레일리아 사람들은 아마 1940년을 기억하고 싶어 하지 않을 것이다. 생각하기도 싫을 만큼 힘든 시절이었으니까 말이다. 1940년은 어마어마한 기근이 닥친 해였다. 그해의 가뭄을 시작으로 곡식은 물론이고 잔디를 비롯한 목초지가 타들어가서 가축들까지 심각한 먹이난으로 이중고를 겪게 되었다. 풀들이 뻗어나가지 못하자 양들은 먹이를 구하려고 뿌리까지 모조리 파헤치기 시작했고, 목초지는 더욱 황폐해졌다. 그대로 가다가는 풀들은 전멸할 지경이었다. 그런데 이때 새로운 사실 한 가지가 밝혀졌다. 당시에 새끼 양이 태어나지 않았던 것이다. 단순히 먹이가 부족해 임신이 안 되는 것으로 생각했지만 나중에 새롭게 밝혀낸 원인은 그렇게 단순한 이유가 아니었다. 풀들이 살아남기 위한 전략을 썼기 때문에 양들이 불임이 된 것이다.

풀들(붉은 클로버)은 가뭄이 들어 강우량이 적어지면 양들에 의해 전멸할 수 있다는 것을 알기 때문에 스스로 화학물질을 만들어낸다. 그 물질은 호르모노네틴Formononetin이라는 물질이다. 풀은 호르모노네틴을 만들어냄으로써 풀을 먹은 양이 불임이 되어 양의 수가 늘어나지 않도록 했다. 스스로 자신들의 전멸을 막은 것이다. 나중에 칼 드제라시Carl Djerassi라는 사람은 야생 고구마 뿌리에서 호르모노네틴 성분을 추출해 세계 최초의 피임약인 디소제닌Disogennin을 만들기도 했다.

이렇듯 잡풀들도 대가뭄이 일어나는 것을 감지하고 대비해왔기 때문에 지금까지 살아남을 수 있었다. 비를 오게 하는 것은 잔디가 할 수 있는 일이 아니다. 그러나 자기를 뜯어먹는 양들의 숫자는 조절할 수 있었다. 스스로 어떤 물질을 만들어냄으로써 살아남는 전략을 세웠던 것이다.

신초나Cinchona라는 나무가 있다. 우기의 정글은 벌레, 모기와 같은 해충들이 개체수를 급격히 늘리기에 아주 좋은 조건이다. 반대로 나무들 입장에서는 괴로운 시기가 된다. 해충들이 진액을 빨아먹고 몸통을 갉아먹으니 견디기 어려운 것이다. 말 못하고 움직이지 못한다고 나무를 우습게 여기면 안 된다. 나무가 얼마나 예민한지 모를 것이다. 식물학자들의 연구에 따르면 나무는 습기가 조금만 높아져도 예민하게 반응을 보인다고 한다. 정밀하게 습도를 측정하기 위해 사용하는 디지털 습도계보다 너 예민하다고 하니 말 다했다. 나무는 습도가 높아지면 어떤 일이 발생할 것인지를 인지하고 몸속에 화학물질을 만들기 시작한다. 키닌이라는 물질이 그것이다. 키닌은 해충들이 아주 싫어하는 물질로 벌레를 물리치기에 아주 좋은 성분이다. 신초나라는 나무는 키닌을 만들어냄으로써 벌레들이 자신의 몸에 달라붙지 못하게 해 우기를 견뎌낸다. 이 성분 역시 말라리아를 치료하는 약을 만드는 데 이용되었다. 이와 같은 원리로 미루나무는 아스피린이라는 물질을 만든다.

도마뱀도 대단하다. 도마뱀이 서식하는 근처에는 도마뱀 새끼를 잡아먹는 뱀이 호시탐탐 새끼를 노리고 있다. 임신한 상태의 도마뱀은 아주 멀리 떨어져 있는 뱀의 냄새를 맡을 수 있을 정도로 예민하다고 한다. 그리고 뱀이 있다는 것을 감지하고 나면 임신하고 있는 새끼의 꼬리가 길어진다. 새끼를 크게 낳아 뱀이 못 건드리게 하기 위해서다.

들쥐도 환경의 변화에 대처하는 능력을 갖고 있다. 들쥐는 햇빛의 양을 감지해 등이 두꺼운 새끼를 낳거나, 등이 얇은 새끼를 낳는다. 즉 햇볕의 양이 많으면 새끼의 등이 두껍도록 해 새끼가 태어났을 때 햇볕으로 인한 상처를 덜 받게 한다. 그 반대

의 경우에는 등이 얇은 새끼가 태어나도록 해 햇볕을 흡수하기
에 좋도록 한다.

생존하고 있는 생명체들은 모두 이렇듯 환경의 변화를 감
지하고 그 변화에 대비하는 능력을 계발해 살아남았다. 여기에
서 자연이 가르쳐주는 비밀은 바로 세상을 읽는 눈을 가져야 한
다는 것이다. 사회에서 인정하고 있는 어떤 기술이나 자격을 갖
추기 위해 무조건 열심히 노력하는 것이 생존과 성공의 비결이
아니다. 자신이 살고 있는 사회와 세상에 대한 통찰력을 키우고
변화를 미리 읽어내어 그 흐름에 대비하거나 그 흐름에서 자신
의 가치를 높일 수 있도록 정확한 조준을 하고서 노력해야 한다.
자신이 가지고 있는 특징 중 어떤 부분을 어떻게 활용해야 될지,
자신이 갖지 못한 어떤 특징을 어떻게 스스로 만들어내야 할지
파악하고 실천하는 것이 중요하다고 자연은 우리에게 알려주고
있는 것이다.

진화,
세상의 원리를
알려주다

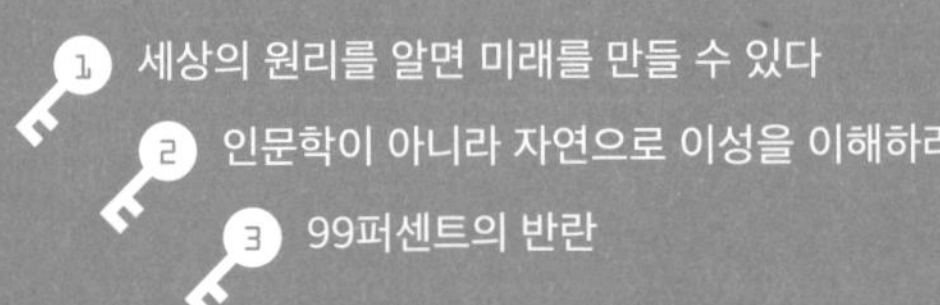

세상의 원리를 알면
미래를 만들 수 있다

개구리가 어디로 뛸지
모른다는 말은 틀렸다

어떤 사물을 이용해 무엇인가를 하려면 그 사물을 이해하는 과정이 먼저 필요하다. 그리고 어떤 사물을 이해하려면 우선 그 사물의 본질을 파악하는 것이 중요하다. 예를 들어 도색을 할 때 페인트가 가지고 있는 본래의 특성을 이해하고 작업을 한다면 더 효과적으로 잘 칠할 수 있을 것이다. 세상 모든 사물, 모든 일이 이러하다. 마찬가지로 세상을 이해하려면 세상을 움직이고 있는 본질, 즉 세상의 운용 원칙들을 이해해야 하는 것이다.

세상이 앞으로 어떻게 변화해 나갈지를 예측하기란 매우 어려운 일이다. 세상의 움직임을 예측하기 위해 많은 미래학자들과 메가트랜드 분석가 같은 전문가들이 노력하고 있지만 정확한 예측을 내놓기란 힘든 것이 사실이다.

동물의 세계는 무질서하고 원칙이 없어 보인다. 하지만 동물학자들의 이야기를 빌리면 그렇지가 않다. 동물의 세계는 원칙에 의해 아주 규칙적으로 움직인다고 한다. 나는 이 말에 공감한다. 동물들은 본능에 충실하기 때문이다. 오히려 사람들이 사는 세상이 더 예측하기가 어렵다. 사람들은 본능대로 움직이는 것이 아니라 이성이라는 여과 장치를 거쳐 행동하기 때문에 훨씬 복잡한 것이다. 하지만 많은 진화학자들은 동의하지 않는다. 사람들의 본능은 이성으로 포장되어 겉으로 드러나지 않거나, 또는 겉으로 표현되더라도 왜곡되어 나타나기 때문에 우리들이 사는 세상을 이해하고 예측하기 어려운 것은 사실이다. 하지만 우리가 사는 세상도 한 꺼풀만 벗기면 충분히 예측가능하다. 왜냐하면 사람들의 본성은 여전히 살아 있고 결국 본성을 따르기 때문이다.

사람들로 구성된 세상도 구성원인 사람의 본성이 그 원리가 되어 움직이고 있다. 따라서 사람의 본성을 제대로 이해한다면 한치 앞을 내다볼 수 없던 세상이 보이기 시작할 것이다.

세상을 구성하고, 세상을 움직이는 가장 중요한 주체는 결국 우리 사람들이다. 그러므로 세상을 이해하려면 구성원들에 대한 이해부터 해야 한다. 사람을 이해하는 것이 세상을 이해하는 지름길이며 근본인 것이다.

사람들의 생각 엿보기는 아주 오래전부터 있어왔다. 그 결과 사람의 본성에 대해 연구하는 학문들은 여러 분야에 걸쳐 다양하다. 인문학에 속하는 철학, 사회학, 심리학 등은 물론이고 자연과학인 의학, 생물학 등 다양한 분야에서 인간에 대한 탐구를 하고 있다.

내가 지금부터 하는 이야기는 인문학적인 관점에서의 본성 탐구가 아니라 자연과학, 즉 생물학적 관점에서 이뤄진 본성 탐구를 소개하는 것이다. 물론 인간의 모든 본성을 설명할 수는 없다. 하지만 인간의 본질을 파악하는 데 많은 부분 도움이 될 것이다.

세상에서 일어나는, 우리가 보고 듣는 주변의 현상들을 살펴보자.

남자라면 섹시한 여자를 좋아한다. 아주 특별한 경우를 제외하곤 말이다. 또한 여자들은 잘생기고 능력 있는 남자를 선호한다. 그래서 아름답지 못하고 섹시하지 못한 여자와 못생기고 능력 없는 남자들은 결혼하기가 쉽지 않다. 이러한 현상을 단순히 황금만능주의의 부작용으로만 취급하기에는 무리가 있다. 원시사회부터 있어온 현상이기 때문이다. 도대체 왜 이러한 현상이 원시시대부터 지금까지 일어나고 있을까?

이외에도 사례들은 많다. 남자들에 비해서 여자들은 왜 명품 쇼핑을 그렇게 좋아하는지, 남자들은 왜 스포츠에 열광하고 게임에 빠지는지, 대부분 도박하는 사람들은 왜 남자들인지, 남자들은 집에 가면 아무것도 하지 않고 소파에서 뒹굴면서 텔레비전만 보는지, 여자들은 왜 잔소리를 하는지가 모두 이러한 사례들이다.

앞의 예들은 모두 일상생활에서 흔히 일어나고 있는 일들이다. 하지만 왜 그런지에 대해 생각하는 사람들은 많지 않다. 그래서 미리 예방할 수 있었던 문제들로 힘들어하기도 하고, 문제를 해결할 방법들을 찾지 못해 헤매기도 한다. 이 근원적 의문에 대한 답은 지구상의 생명체들의 본성을 이해해나간다면 어느 정도 찾을 수 있다. 당연히 우리가 삶에서 만나는 문제들을 어떻게 대처하고 유리하게 활용할지에 대한 답도 얻을 수 있을 것이다.

사람들의 본성을 파악하는 것은 어렵다. 교육을 통해 이성적 존재가 되기 때문이다. 다양한 직간접 교육으로 인해 이성으로 본성을 조절하고, 교육으로 본성을 제어한다. 하지만 사람의 행동을 면밀히 관찰하면 감춰져 있는 본성을 알아차릴 수 있는 부분이 상당하다. 다만 우리가 알아차리지 못하고 있는 것뿐이다.

천방지축이고 예측이 불가능해 종잡을 수 없는 사람을 '개구리처럼 어느 방향으로 뛸지 모른다.'고들 한다. 그런데 개구리 학자들에게 물어보면 이 말이 엉터리 비유라고 말한다. 개구리도 자세히 관찰하면 나름의 규칙에 따라 움직이기 때문에 개구리의 행동을 예측할 수 있다는 것이다. 먹이를 줬을 때의 행동, 날씨가 추워졌을 때의 행동, 따뜻해졌을 때의 행동, 짝짓기를 할 때의 행동, 암컷이 가까이 왔을 때의 행동 등을 파악하면 개구리의 본성을 조금씩 알게 되고, 개구리가 어디로 뛸지 그 방향을 예측할 수 있다.

현대는 놀랄 만큼 빠른 속도로 다양한 분야에서 발전하고 있지만, 그에 비례해 한층 복잡해졌고 부작용도 많아졌다. 한치 앞도 모르는 세상 속에서 우리는 도대체 어디로 흘러가는지, 앞으로 어떻게 될 것인지 알 수 없어 불안하고 막막해한다. 우리의 생활에 지대한 영향을 끼치고 있는 세상의 원리를 파악하는 것이 필요하고 중요한 이유다.

우리 인간을 움직이는 원리를 이해한다면 세상에서 살아가기가 지금처럼 힘들지는 않을 것이다. 원리를 이해한다면 세상이 어떻게 변해도 가장 기본적이고 중요한 '생존과 짝 찾기' 경쟁에서 자신이 원하는 결과를 얻을 수 있다고 나는 확신한다.

개구리의 본성을 이해함으로써 개구리의 다음 행동을 예측할 수 있듯이 인간의 숨겨져 있는 본성을 이해함으로써 세상의 꽤 많은 부분을 예측할 수 있고 그에 따라 미래를 대비할 수 있는 것이다.

규칙을 찾으면
길이 보인다

평소 자주 들르는 작은 문화 공간이 있다. 아주 작고 소박한 곳이지만, 왠지 거기만 가면 마음이 편안해진다. 사회에서의 각박한 경쟁을 잠시나마 피할 수 있는 곳이란 느낌을 주기 때문인 것 같다. 그곳에선 많은 예술가들이 자유롭게 자신들의 생각을 얘기하고, 아이디어들을 나눈다.

그곳에서 우연하게 20대 중반의 화가를 만났다. 그는 큐브를 잘하고 싶은데 잘 안 된다고 고민했다. 나도 어렸을 때 큐브 맞추는 걸 아주 좋아해서 열중한 적이 있었다. 그런데 무턱대고 한다고 잘 맞춰지는 게 아니었다. 어떻게 하면 잘 맞출 수 있는지 고민하기 시작했고 나름 '규칙'이 있다는 것을 알게 되었다. 큐브가 돌아가는 원리를 파악하고 나니 그 다음부터는 맞추기가 훨씬 쉬워졌다. 한때는 굉장히 빠른 속도로 맞춰서 '큐브 짱'이 된 적도 있었다. 그 경험을 생각하며 나는 그 화가에게 반복을 통한 숙달보다 원리를 찾아보라고 말해주었다.

세상을 살고 있는 우리도 마찬가지인 것 같다. 자신의 인생을 맞춰나가는 것도 반복을 통한 숙달보다 세상이 돌아가는 규칙들, 세상에서 운용되고 있는 원칙들을 파악하는 것이 지름길이라고 생각한다. 자신이 원하는 삶을 살기 위해선 세상이 어디로 움직이고, 어떻게 흘러가고 있으며, 앞으로 어떤 일이 일어날 것인지를 아는 것이 필요하다. 마치 큐브를 원리를 통해서 맞추듯이 인생도 원리를 통해 맞춰나갈 수 있는 것이다.

물론 세상의 모든 일이 규칙이나 원리를 통해 파악될 수 있는 것은 아니다. 그러나 원리를 이해한다는 것은 세상을 읽는 데 중요한 요소가 된다. 세상이 어떻게 움직이는지 그 규칙을 파악할 수 있는 최고의 방법은 '집중'이다. 집중해서 변화를 관찰하고, 그 변화의 규칙성을 찾는 것이야말로 세상의 원리를 파악하는 지름길이다. 그리고 그 규칙이 어떤 의미인지를 파악함으로써 우리는 세상을 살아가는 멋진 무기를 갖게 되는 것이다.

페인트칠의 경우 도색을 여러 번 해보면 할 때마다 조금씩 나아지는 것을 느낄 것이다. 잘 살펴보며 칠하다 보면 잘 칠하기 위한 일정한 규칙이 있다는 것을 알게 되는데, 이때가 바로 페인트칠에 대해 감을 잡은 때인 것이다.

대부분의 생명체가 그렇듯이 원시인들은 추위가 생존의 관건이었을 것이다. 추위가 닥치면 먹이를 구하기도 어렵고, 추위 자체를 견디기도 힘들다. 원시인들은 살아남기 위해 안간힘을 쓰지만, 대부분 추위가 혹독한 시기에 죽게 된다. 이들에게는 계절이라는, 겨울이라는 개념이 없었던 것이다. 그래서 어떻게 하면 추위를 물리칠 수 있을까 하는 문제가 원시인들을 생존하게 해줄 가장 시급하게 풀어야 할 난제가 되었던 것이다.

처음에는 그저 주술을 외우는 방법밖에 몰랐다. 그러면서 허공에 창을 던져보기도 하고 소리를 질러서 추위를 사라지게 해보려고도 했을 것이다. 그렇게 여러 가지 방법들을 시도하다 보면 우연히 추위가 없어지는 계절이 오고, 그러면 스스로 추위를 물리쳤다고 여기기도 했을 것이다. 하지만 다시 추위는 찾아오고 원시인들은 또다시 다양한 방법을 사용했을 것이다. 그리고 추위가 또 없어지고 나타나는 것이 반복됐을 것이다. 처음 얼마간은 자신들이 사용한 방법들이 효과가 있다고 생각하지만 그런 경험이 누적되다 보면 어떤 규칙이 있다는 것을 발견할 것이다. 추위가 끝나면 따뜻해지고, 이어서 더워지고, 다시 추워진다는 규칙, 즉 지속되는 반복성을 발견하는 것이다.

규칙의 발견은 인류에게 아주 중요한 전환점이 된다. 이제 두려워할 필요가 없어진 것이다. 앞으로 일어날 일을 알 수 있으니 미리 대비만 하면 되기 때문이다. 그리고 일정한 시기를 지나면 다시 따뜻해질 것을 알기 때문이다. 이렇듯 세상을 예측하고, 예측 가능한 세상에 대한 준비를 하는, 이러한 일련의 과정을 통해서 인류는 생존할 수 있었다.

모든 것에는 규칙이 있다. 다만 우리가 규칙을 찾지 못했으니까 규칙이 없는 것처럼 보이는 것이다. 없는 것과 못 찾는 것은 다르다.

세상의 원리를 안다는 것은 앞으로 일어날 변화를 예측할 수 있다는 뜻이고, 예측이 가능하다면 대비가 가능하다. 우리가 살고 있는 세상은 예측 불가능하고 어디로 튈지 모르는 복잡성을 가지고 있는 것처럼 보이지만 원시인들이 계절을 발견했듯이 세상이 움직이는 원리를 찾는다면 모든 일이 예측 가능하고 대비할 수 있는 일인 것이다.

어렵고 혹독한 세상, 살아가기 힘들다고 푸념하며 좌절한다고 해서 달라지는 것은 없다. 인간의 세상만 혹독한 것이 아니다. 45억 년 지구의 역사상 자연이나 인간 사회나 단 하루도 혹독하지 않은 날이 없었다. 하지만 인간을 비롯해 살아남은 생명체들은 집중이라는 무기를 이용해 규칙을 찾아서 생존해왔다. 그리고 그 유전자를 우리 모두가 물려받았다. 나도 여러분도 우리 모두 이미 무기를 가지고 있기 때문에 이 규칙만 찾으면 세상의 주인공으로 충분히 설 수 있다.

집중에 관한 이야기는 뒤에서 더 이야기하기로 하고, 우선 세상이 움직이는 규칙을 먼저 살펴보자.

이성을 유혹하고 싶은 것이 당연하다

돈을 벌고 결혼을 해 가정을 이루는 것, 소박한 꿈으로 인식되어왔다. 그런데 요즘에는 결코 소박한 꿈이 아니게 되었다. 언제부터 먹고사는 것과 짝을 찾아 결혼하는 문제가 이렇게 어려워졌는지 모르겠다. 요즘에는 '삼포 세대'라는 말까지 나오고 있다. '세 가지를 포기하는 세대'라는 뜻인데 연애 포기, 결혼 포기,

출산 포기가 그것이다. 이 세 가지는 인간의 생활에서 가장 원초적이며 기본적인 면이다. 그런데 다시 잘 살펴보면 이것은 현대 사회에서만 겪는 어려움은 아니었다.

지구상에 존재하는 모든 생명체에서 공통으로 나타나는 두 가지 핵심은 '생존과 번식'이다. 모든 동식물은 살기 위한 방법을 찾는다. 어떤 종에도 예외는 없다. 살아남기 위해 엄청난 노력을 했기 때문에 수만 년 동안 대를 이어 생존해 있다. 번식에 대한 본능도 마찬가지다. 이성에 대한 관심이 없었다면 자신 한 세대만 존재했을 테고 유전자는 후손에게 전달되지 않고 사라졌을 것이다.

끊임없이 짝짓기를 하고 자손을 만들고자 하는 번식 본성의 유전자를 가지고 있는 사람이 살아남아 그 유전자를 후대에 전달하고, 물려받은 사람도 똑같이 성적인 본성을 가지게 된다. 이 책을 읽고 있는 당신도 마찬가지다. 어떻게든 살아남고, 번식에 성공하려는 두 가지 본성이 작용했기 때문에 당신의 유전자는 지금까지 유지되고 있는 것이다.

결국은 '생존 본성과 번식 본성', 이 두 가지가 살아 있는 모든 생명체가 공통적으로 가지고 있는 핵심적 본성인 것이다. 인간에게서는 다소 왜곡되고, 복잡하고, 세련되게 승화되어 나타나지만 결국 이 본성에 의해 세상은 움직이고 있는 것이다.

우리가 왜 이성에게 끌리는지, 그에 대한 대답은 바로 이러한 본성에서 시작돼야 한다. 결론적으로 말하면 살아남을 확률을 높이기 위해 이성을 유혹하는 것이다. 성적 본성의 특징을 이야기하기 전에 먼저 한 가지 생각해봐야 할 것이 있다. '왜 암수가 결합해서 자손을 만드는 짝짓기 방법을 선택했을까?'가 그것이다.

암컷과 수컷이 만나 짝짓기에 성공하는 것은 동물의 세계에서도 매우 어려운 방법이며, 인간에게는 훨씬 더 어려운 일이다. 더구나 취직하기가 하늘에 별 따기처럼 되어버린 요즘엔 더욱 어려운 게 현실이다. 하지만 그런 고민은 원시시대에도 있었다는 점을 기억하자.

그런 어려움에도 남녀가 결혼해 자식을 낳는 방법을 선택한 이유가 있다. 번식을 위한 가장 쉬운 방법은 자기가 자기를 복제하는 방법일 것이다. 자기와 똑같은 유전자를 만들어서 자기 복제를 계속할 수 있다면 수컷과 암컷은 서로를 만나려고 힘들게 노력할 필요가 없다. 그런데 왜 자연에 존재하는 대부분의 생명체는 서로 다른 성과 함께 자손을 번식해야 하는 방법을 선택했을까? 이유는 의외로 간단하다.

아메바를 비롯한 많은 미생물들은 자기 복제를 해서 후대를 남기는 방법을 선택했다. 이들은 엄청나게 빠른 속도로 자신을 복제할 수 있다는 장점이 있다. 반면에 단점도 있다. 유전자에 치명적인 질병이 생기거나, 치명적인 균주가 생길 경우에 그 유전자를 가진 모든 개체가 한순간에 치명적인 상처를 입고 사라지게 된다. 똑같은 유전자를 가지고 있기 때문에 질병이 하나 발생하면 모두 동시에 죽게 되고 결국 멸종하는 것이다. 이런 식으로 지구상에서 멸종한 종은 무수히 많다.

그런데 남자와 여자, 수컷과 암컷이 결합하는 방법을 선택하게 되면 자신의 유전자 반, 상대의 유전자 반이 섞인 상태로 후손이 태어난다. 그렇기 때문에 설사 어느 한쪽에 치명적인 질병이 확산된다 하더라도 살아남을 확률은 50퍼센트가 된다. 특수 상황에 처했을 때 살아남을 확률이 0퍼센트에서 50퍼센트로 높아지는 것이다. 짝을 찾는 일은 어렵지만 우리는 결국 생존의 가능성을 높이는 쪽으로 적응해온 것이다. 바로 이것이 이성에게 끝없이 관심이 가는 이유다. 단순히 정서적, 감정적 만족만을 위한 것이 아니라는 뜻이다.

사랑에는 조건이 있다

사랑, 동서고금을 막론하고 영원한 주제다. 예술 작품에서는 물론이고 현실에서도 사랑 때문에 모든 일이 일어난다고 해도 과언이 아니다. 표면적으로는 상관이 없는 일처럼 보이지만 깊이 들어가보면 그 속에 '사랑'이 자리하고 있다. 생존과 번식이 가장 기본적인 본성이기 때문이다.

많은 사람들이 사랑을 아름답고 순수한 것이라 믿는다. 아니, 믿고 싶어 한다. 그래서 사랑에도 조건이 있다고 하면 속물 취급하고 순수하지 못한 사람으로 여기기도 한다. 그런데 사랑에는 분명히 조건이 있다. 자연에서는 수십억 년 동안 그래 왔다. 동물들의 구애 활동을 보면 알 수 있다.

수컷은 암컷 앞에서 춤을 추고 소리를 지르며, 암컷은 수컷을 유혹하기 위한 여러 가지 매혹적인 행동들을 한다. 왜 이런 행태를 보일까? 짝짓기에 성공하기 위해서다. 한쪽은 구애 활동을 통해 마음에 드는 이성을 만나려고 시도하고, 한쪽은 구애 활동을 통해 상대의 조건을 따진다.

암컷 입장에서 볼 때 수컷은 건강한 유전자를 가지고 있으면서 자신의 새끼를 가장 잘 보호해줄 수 있는 힘이 있는 녀석이어야 한다. 춤을 잘 추고 소리가 큰 놈일수록 건강하며 남성 호르몬이 강한 녀석이다. 그런 수컷이 먹이 사냥을 잘해올 뿐만 아니라 그 유전자를 받아 새끼를 낳았을 때 훨씬 더 건강한 새끼를 낳을 수 있다는 사실들을 암컷은 알고 있다. 수컷의 입장에서도 똑같은 본성이 있기 때문에 가능하면 건강하고 자신의 유전자를 잘 키우고 돌볼 수 있는 암컷을 고르려고 한다.

사람들도 예외가 아니라고 생각한다. 수많은 사람들이 헬스클럽에서 몸매를 가꾸는 일에 열중하고, 옷을 사고, 화장을 하는 등 이성에게 매력적으로 보이기 위해 여러 가지 노력을 끊임없이 하는 이유도 마찬가지다. 이성의 마음에 들기 위한 이러한 전략은 원시시대부터 21세기 최첨단의 시대인 지금까지 늘 사용되었고 효과를 보고 있다. 사람의 경우 이성적 교육으로 그 방법이 변화하고 승화되어 나타난다고 하더라도 저변에는 이러한 본성이 존재하는 것이다.

이러한 본성의 연장선을 보면 '신데렐라 콤플렉스'를 속물근성으로만 볼 수는 없다.

남자가 나이가 좀 많더라도 돈이 많으면 예쁘고 어린 여자를 만난다는 속설은 어느 문화권에서나 통하는 이야기다. 그리고 돈 많은 남성을 만난 여성은 하루아침에 신데렐라가 된다. 이러한 조합이 주는 매력이 크기 때문에 신데렐라 소재를 다룬 소설이나 영화도 많이 있다. 〈프리티 우먼〉이라는 영화도 이러한 내용을 주제로 한 영화로 세계적으로 큰 인기를 끌었다. 이러한 작품들은 결말을 보지 않아도 뻔한 스토리인데 관객 모으기에 거의 성공한다. 이유가 뭘까? 신데렐라의 꿈을 꾸는 여자들이 그만큼 많기 때문이다.

왜 여성들은 동서고금을 막론하고 신데렐라의 꿈을 꾸는 것일까? 속물근성에다 허영기까지 뒤섞인 탓이라고 몰아붙이기만 하는 게 과연 옳은 일일까?

세상은 남자와 여자로 구성되어 있고, 남자와 여자의 만남에서부터 역사가 시작된다. 지금껏 인류가 생존하고 변화해온 것도 남자와 여자의 만남이 이어져왔기에 가능한 일이었다.

남자와 여자 그리고 관계에 미치는 번식의 본능에 대해 이야기하기 전에 자녀 양육에 대한 투자에 대해 먼저 살펴보자. 남자들은 자녀에 대한 투자가 여성에 비해서 훨씬 적다. 여성은 임신하게 되면 10개월 동안 뱃속에서 아기를 키워야 한다. 자신의 몸으로 새로운 한 생명을 만들어내는 과정은 육체적 정신적으로 큰 희생과 노력이 따르는 일이다. 게다가 임신 기간 동안 활동에 많은 제약을 받고 위험 상황에 처할 가능성도 높아진다. 이렇듯 힘들고 어려운 임신 기간을 견뎌내고 자식을 낳고 나면 더 힘든 고통이 시작이 된다. 오랜 세월 동안 아이의 양육을 중점적으로 맡게 되는데 여간 힘든 일이 아니다. 결국 남자에 비해서 여성이 훨씬 더 자녀에게 투자하는 시간과 노력이 많은 것이다.

동물의 세계에서는 암컷, 인간 사회에서는 여성이 이성을 선택하는 데 훨씬 더 신중할 수밖에 없는 이유가 이러한 본성적인 고유한 투자 때문이라는 점을 알아야 한다. 그래서 성관계에서 여성이 남성보다 신중하다. 임신 기간 동안 수컷이 바람을 피우지 않고 자신을 보호해줄 수 있는지, 먹이는 계속 가져다줄 수 있는지, 출산 후에도 자녀에게 충분한 먹이를 구해다줄 수 있는지 등에 대해서 신중히 따지게 되는 것이다. 여성이 투자하는 양이 크면 클수록 남성을 고를 때 더욱 신중해진다.

심리학에서 사용하는 단어로 프레이밍 효과Framing Effect라는 게 있다. 프레이밍 효과란 어떠한 주제에 대한 틀Frame을 제시할 때 표현 방법에 따라서 그에 대한 결과도 달라지는 것을 말한다. 간단한 예를 하나 들자면 컵에 물이 반 정도 차 있는 사진이 있을 때 그 아래에 어떤 내용의 문구를 적느냐에 따라 서로 다른 의도를 전달할 수 있다. 컵에 물이 '반이나 차 있다.'라고 문구를 넣는 것과 컵에 물이 '반밖에 차 있지 않다.'라고 문구를 넣는 것은 보는 사람에 따라서 받아들이는 의미를 크게 다르게 할 것이다. 이러한 프레이밍 효과는 어떠한 특정한 결과를 원하는 사람들이 써먹기에 더 없이 좋은 심리적인 효과다. 따라서 마케팅이나 정치, 언론에서 특히 많이 사용한다.

프레이밍 효과가 남녀들의 이성 찾기 심리에서도 똑같이 나타나는지를 알아보는 실험이 있었다. 남성 10명을 뽑는데 그중 8명은 여성들이 좋아할 만한 남성들로 구성하고 2명은 여성들이 싫어하는 유형의 남성들로 구성했다. 마찬가지로 여성 10명을 뽑되 그중 8명은 아주 섹시하고 건강한 여성들로 뽑고 2명은 남성들이 좋아하지 않을 만한 유형의 여성들로 구성했다. 그러고는 남성에게 여성 10명 중에서 무작위로 데이트 상대 한 명을 뽑게 하고, 여성에게도 남성 10명 중에서 무작위로 데이트 상대 한 명을 뽑게 했다. 먼저 남성들의 반응을 보면, 여자 중에서 8명은 이른바 '퀸카'이므로 좋은 여성을 뽑을 확률이 80퍼센트로 매우 높다고 생각하고 환호를 했다. 반대로 여성들은 8명이 이른바 '킹카'지만 두 명의 이상한 사람이 있다는 것 때문에 걱정을 했다. 실제로 마음에 드는 이성을 고를 확률은 남녀 똑같이 80퍼센트였다. 똑같은 확률인데도 어디에 초점을 맞추는가에 따라서 생각이 달라지는 것이다.

그런데 여성들은 왜 걱정거리를 먼저 생각할까? 그리고 왜 부정적으로 생각할까? 그것은 여성의 투자가 더 많기 때문이다. 양육에 남성보다 훨씬 많은 것을 투자해야 하기 때문에 두려움도 그만큼 클 수밖에 없다. 혹시나 잘못된 남성을 골라 문제가 될까 걱정하는 것이다. 반면에 남성들은 여성에 비해 양육에 투자하는 비용이 거의 없다. 자신의 유전자를 한 여성에게 주고 육아는 나 몰라라 한 채 또 다른 이성에게 가서 또다시 줄 수 있다. 그래서 남성들은 확률이 높은 쪽에 초점을 맞추게 되는 것이다.

손해 볼 게 없기 때문이다.

여성의 입장에서는 후손을 번식하는 데 훨씬 더 많은 투자를 하기 때문에 자신을 보호하고 먹이를 끝까지 가져다줄 수 있는 남성이 절대적으로 필요하다. 즉 충분히 만족할 만큼 '먹이'를 가져다줄 수 있는 성공한 남성에게 호감이 가는 것이다. 그러니까 성공한 남자를 찾는 여성들의 경향인 '신데렐라 콤플렉스'는 천박한 속물근성이 아니라 우리의 본성 중 하나인 것이다. 또한 여성들의 이러한 현상에 부응해 여성의 마음을 얻으려는 수컷들의 경쟁도 시작된다.

이러한 현상은 우리의 일상생활 속에서도 빈번하게 나타나고 있다. 남성이 여성한테 데이트 신청을 할 때 고급 음식점에서 비싼 음식을 사주는 경우가 데이트에 성공할 가능성이 훨씬 높다는 연구가 있다. 시장통 순댓국을 먹으러 가는 남자는 매력적으로 보이지 않는다는 것이다. 우리가 가지고 있는 본성 때문이다.

새들 중에는 수컷이 집을 지어놓고 암컷을 유혹하는 것도 있다. "여기 알을 낳을 수 있는 집이 있단다. 여기서 알을 낳아라. 안전하게 내가 보호해줄게." 마치 이렇게 말하는 것처럼 암컷을 유혹하면 암컷은 집이 얼마나 안전한지, 높은 곳에 집을 지을 만큼 힘이 좋은지, 크기는 큰지, 이러한 것들을 살피고 교미를 허락하게 된다.

과연 우리 사람들이 사는 세상과 어떤 차이가 있을까? 내게는 별 차이가 없어 보인다. 우리의 유전자에도 이러한 본성이 숨어 있다. 단지 좀 더 승화된 방법으로 나타날 뿐이다. 그러므로 이 본성에 호소하면 연애에 성공할 확률이 높다.

호기심과 두려움은 생존 유전자의 결과다

세계의 수많은 회사들은 끊임없이 신제품 개발에 노력을 기울이며 혁신을 부르짖고 있다. 이러한 새로운 노력이 생존을 위해 필요하다는 것을 경험을 통해서 알고 있기 때문이다. 우리나라 모 기업의 회장도 "마누라와 자식 빼고는 다 바꾸라."고 강조했었다. 이러니 하루만 지나면 새로운 세상이 되어 있고는 한다.

요즘에는 기능에 별 차이가 없는데도 새로운 제품들이 하루가 멀다 하고 출시된다. 신상품 휴대폰이나 기존 휴대폰이나 제 역할을 하는 데는 별 차이를 느끼지 못한다. 그런데도 신제품이 나오면 눈길이 간다. 옷도 마찬가지다. 충분히 입을 만한 옷이 많은데도 계절이 바뀌면 새로운 유행을 표방한 옷에 마음이 끌린다. 지난해와 약간 다른 디자인의 제품일 뿐이지만 그 옷을 안 사 입으면 시대에 뒤처지는 것 같아 그냥 지나치기가 어렵다.

세상은 이렇게 움직이고 있다. 기업도 이런 식으로 이윤을 얻을 새 제품을 만들고, 사람들은 그에 반응을 보이며, 순환 구조는 끊임없이 돌아가고 있다. 새로운 것을 요구하는 인간의 욕구에 충실함으로써 기업은 이윤을 얻는 것이다.

새로운 것을 찾고 요구하는 이러한 호기심은 어떻게 생기게 되었을까?

호기심은 생존을 위해 노력하는 과정에서 얻어진 결과물일 가능성이 높다. 우리의 유전자가 매일 똑같은 열매에만 관심을 보이고 낯선 열매에 대한 호기심이 없다고 가정해보자. 채집하던 열매가 변화무쌍한 기후변화에 의해 사라졌을 경우 아마도 다른 열매에 대해서는 호기심이 없었다면 우리는 굶어 죽었을지도 모른다. 예를 들어 바나나만 먹고 살던 원시인들이 바나나 옆에서 자라고 있는 붉은 열매에 대한 호기심이 없어 채취를 해볼 생각도 관심도 갖지 않고 그냥 지나쳤다면, 어느 날 바나나가 사라지는 일이 생겼을 때 이 원시인들은 살아남지 못했을 것이다. 반면 미리 다른 열매에 관심을 가지고 채취하는 방법을 습득한 원시인들만 생존에 성공했을 것이다.

이처럼 호기심은 생존을 위해 아주 중요한 요소 중 하나다. 생존을 위한 출발인 것이다. 호기심 유전자는 끝없는 탐구와 새로운 시도를 하게 하는 결과를 가져왔다. 그러면서 우리에게 많은 시행착오를 겪게 했을 테고 위험한 순간에는 목숨을 위태롭게 만들었을지도 모른다.

하지만 결과적으로 호기심이 가득한 유전자가 생존에 유리했고, 지금도 이 유전자는 살아남아 우리들의 일상을 움직이고 있다.

기업들은 우리의 생존 본능을 너무나 잘 알고 있는 것 같다. 기업은 세상이 이렇게 움직인다는 것을 알고 그러한 유전자의 특성을 이용해 과소비를 부추기고 빠른 소비를 촉진하는 전략을 구축한다. 대표직인 예가 자라ZARA나 에이치앤드엠H&M과 같은 패스트패션Fast Fashion 브랜드들이다. 이들의 전략은 간단하다. 아주 빠르게 새로운 제품을 계속 내놓는 것이다. 고객들은 매장에만 나가면 언제나 새로운 제품들을 볼 수 있다. 오래 고민할 필요도 없다. 조금 입다가 새로운 제품을 또 구매하면 되기 때문이다.

그런데 여기서 짚고 넘어가야 할 것이 있다. 동전 멀리 보내기 게임이란 게 있다. 동전을 던져서 가장 멀리 보내는 사람이 우승하는 게임이다. 남자들은 술값을 낼 때 이 게임을 해서 술값을 낼 사람을 정하곤 한다. 이 게임은 동전을 무턱대고 멀리만 보낸다고 이기는 게 아니다. 정해놓은 선을 벗어나면 '아웃'으로 처리된다. 그래서 신중하게 던져야 한다. 잘못했다간 꼴찌가 되니까 말이다.

자연환경에서 살기 위한 노력도 이 게임과 비슷한 것 같다. 앞에서 말했듯이 새로운 것에 대한 호기심이 크면 클수록 더 많은 먹이를 구할 가능성이 높아진다. 이것저것 새로운 시도를 하다 보면 많은 수확이 생기기 때문이다. 그런데 무턱대고 새로운 시도를 한다고 해서 수확이 늘어나는 것은 아니다. 동전 던지기처럼 벗어나서는 안 되는 선이 있다. 새로움에 대한 호기심이 일정한 범위를 벗어나면 아주 위험해질 수도 있기 때문이다. 더 많은 먹이를 구할 수도 있지만 죽을 수도 있다는 것이다.

한마디로 두려움이 없는 호기심 유전자는 위험에 빠지기 쉽다. 반면에 새로운 것에 대한 호기심은 있지만 두려움도 가지고 있는 유전자가 살아남기에 더욱 유리하다. 즉 새로운 것에 대한 한계가 필요한 것이다. 무턱대고 새롭기만 하면 자칫 외면당할 수 있다. 우리는 너무 새로운 것에도 두려움을 느끼기 때문이다. 그래서 경계가 있는 새로움이 필요한 것이다.

친구 중에 아프리카 잠비아에서 선교 활동을 20년째 해오고 있는 친구가 있다. 어쩌다 한 번씩 돈이 떨어지면 지원을 받으러 한국에 오기도 한다. 이 친구가 잠비아에서 살고 있는 곳은 부족 단위로 집단촌을 이루고 사는 지역이다. 도심에서 차를 타고 3일 정도를 가야 한다고 한다. 거의 문명의 혜택을 받지 못하고 사는 부족들인데 그 친구가 문명을 전해주고 있다.

친구가 들려준 그곳에서의 재미있는 경험담들 중 잊지 못할 인상적인 이야기가 있다. 청년과 처녀가 결혼을 해 새로운 집을 지어 분가를 할 때의 이야기다. 우선 부족장이 사람들을 소집하면 청년이 사람들이 보는 앞에서 자신들이 살고 싶은 위치를 정한다. 이 위치가 다른 사람들의 활동 영역이라면 어디까지를 자신의 집으로 하겠다는 의사를 밝혀야 한다. 그런데 영역을 너무 넓게 잡으면 이의가 제기되고, 그렇게 되면 새로 집을 지을 사람과 원래 그 땅을 활동 영역으로 갖고 있던 사람과 결투를 해야 한다. 그 결투는 거의 목숨을 건 결투라고 한다.

반면에 아무도 이의를 제기하지 않으면 그냥 거기에 집을 짓고 살면 된다. 신기하게도 지금까지 이러한 결투를 거의 한 적이 없다고 한다. 스스로 자신이 거주할 만큼만 요구를 해서 다른 사람의 심기를 건드리지 않는다는 것이다. 오랫동안 무언의 약속이 지켜지고 있는 셈인데 그렇게 하는 것이 위험한 결투를 피하는 방법이기 때문이다. 결투가 생기지 않는 범위에서 최대한 많이 차지하는 것이 가장 좋은 방법이다. 이것이 생존에 훨씬 유리하니까 말이다.

새로움을 추구하는 것이 생존에 필요하다고 해서 무턱대고 새롭기만 하면 되는 것은 아니다. 용인될 수 있는 범위가 있다. 동전 던지기 게임 원리와 같은 것이다.

그렇다면 최대한 이득이 되면서 안전한 경계는 어디까지일까?

우리의 유전자 중에는 혐오 유전자라는 것이 있다. 이 유전자는 친근성이 없는 특이한 것에 대해서 거부감이 생기고 혐오를 느끼게 하는 유전자다. 인류는 이 혐오 유전자 덕분으로 위험을 피할 수 있었고, 그로 인해 지금까지 생존해 있다고 말해도 될 것이다. 이 유전자가 없어 모든 것에 대해 관용적이었다면 생각만 해도 끔찍한 일을 겪었을지도 모른다.

새로운 것을 추구하는 유전자와 친근하지 않은 것에 대한 거부감을 느끼는 혐오 유전자, 이 두 유전자를 우리는 모두 가지고 있다. 누구에게나 호감을 얻을 수 있는 친숙한 것에 끌리면서도 동시에 평범한 것과는 차이를 두어 자신을 돋보이게 하는 새로운 것에 끌리는 것이다. 이것을 '차별적 친근성Differentiable Familiarity'이라 한다. 이때 너무 새로워 친근성을 벗어나버리면 거부감이 생긴다. 새로운 것을 추구하되 거부감이 들지 않을 정도로 새로운 것이어야 한다. 이것을 '경계가 있는 차별적 친근성 Limited Differentiable Familiarity'이라고 한다. 새로움은 우리의 생존에 필수적이지만 정도가 있어야 하는 것이다.

그렇기 때문에 신제품이라고 하더라도 너무 파격적인 제품이라면 고객에게 외면을 받게 된다. 너무 특이한 미술품에 대해 보통 사람들이 이해하지 못하고 흥미를 잃는 것, 혹은 너무 튀는 연예인들을 좋아하지 않는 이유다.

기업들이 늘 새로운 제품을 내놓지만 그중에서 어떤 제품은 '대박'을 치고, 또 어떤 제품은 '쪽박'을 차게 되는 이유가 바로 이 '경계성 차별적 친근성'에 있다. 우리의 일상이 이러한 원리로 돌아간다는 사실을 알게 되면, 어떻게 해야 잘살 수 있는지 그 방법도 스스로 찾아낼 수 있을 것이다.

인문학이 아니라
자연으로 이성을 이해하라

허풍도
필요하다

이성에게 잘 보이고 싶은 마음은 남녀노소를 가리지 않는다. 그것을 표현하는 방식이나 정도의 차이는 있을지언정 말이다.

과거에는 여성의 경우에만 외모를 많이 강조했으나 요즘에는 남성도 외모가 꽤 중요한 기준이 되었다. 특히 '몸짱', '초콜릿 근육' 등 남성다우면서도 멋진 몸매에 대한 관심이 현저하게 높아졌고 남자 연예인들의 노출 신이 심심찮게 화제가 되고 있다.

멋진 근육질의 몸매를 지닌 연예인들을 보면서 기가 죽는 남자들과, 남자친구나 남편을 은근히 구박하는 여자들이 늘고 있는 것이다. 물론 반대 현상도 일어나고 있지만 말이다.

근육질 남자가 매력적인 이유는 단순히 보기 좋기 때문이 아니다. 그런 남자일수록 남성호르몬이 많고 건강하다고 느껴지기 때문에 여성의 입장에서는 본능적으로 끌리는 것이다. 그 연관 관계를 알든 모르든 무언가에 자기도 모르게 끌리는 데는 늘 본능적인 이유가 깔려 있다. 몸을 근육질로 만드는 것은 남성호르몬이다. 그래서 남성호르몬이 절정에 이르는 젊은 시절에는 특별히 운동하지 않아도 그런대로 몸매가 유지될 수 있다. 하지만 나이가 들면 남성호르몬이 점점 줄어들기 때문에 열심히 운동을 해도 어린 친구들처럼 근육을 키우는 일이란 쉽지 않다. 훨씬 더 많은 노력을 더 오랜 기간 동안 기울여야 근육이 생길 수 있는 것이다.

근육질 남성들이 주목을 받자 대부분의 남자들은 '몸짱'이 되기 위해 노력했고, 그중에는 지나치게 집착해 오히려 여성들에게 혐오감을 줄 만큼 근육을 키운 사람들도 적지 않다. 실제로 여성들이 좋아하는 근육의 정도는 남성들이 생각하는 근육의 양과는 차이가 많이 난다. 여성들은 사실 근육이 지나치게 많은 남자를 별로 좋아하지 않는다고 한다. 그런데도 불구하고 남자들이 남성다움에 대해 집착하는 이유는 남자답고 건강하다는 걸 보여주고 싶기 때문이다. 이 역시 건강한 짝을 찾고 싶다는 본성의 발현이다. 여성들이 건강한 남성을 알아볼 수 있는 방법이 많지 않은 현실에서 이러한 방법은 효과가 있을 수밖에 없다. 그렇기 때문에 남자들의 근육 키우기는 지속되고 있는 것이다.

근육질의 균형 잡힌 몸 이외에도 남성호르몬의 특징은 정서적 특징에서도 표출된다. 이러한 특징들도 여성에게 많이 어필되는데, 그중 하나가 '허풍'이다.

선거철만 되면 등장하는 과도한 공약들은 우리들의 마음을 불편하게 한다. 가만히 보면 이러한 현상은 오랜 세월 동안 계속해서 되풀이되고 있음을 알 수 있다. 더 이해하기 어려운 건 지키지 못할 것처럼 보이는 과도한 공약들이 희한하게도 선거판에서 효력을 발휘한다는 것이다. 자신의 손으로 뽑아놓고도 공약을 지키지 않는 당선자나 정당 때문에 국민들은 또다시 실망하고 다시는 공약(公約) 아닌 공약(空約)에 속지 않겠다고 다짐한다. 그런데 더 희한하게도 다음 선거철이 되면 어김없이 과도하지만 실현되면 좋을 것 같은 공약들의 달콤한 속삭임에 마음이 움직인다.

이러한 원리가 남녀 관계에서도 똑같이 작용되고 있다. 동서양의 구분 없이 다양한 문화권에서 말이다. 선거철의 과도한 공약과 같은 남자들의 허풍이 그것이다.

본인이 인정하든 안 하든 많은 남자들은 허풍을 떨고 허세 부리기를 좋아한다. 왜 그런 것일까? 그리고 여자들은 왜 이런 허풍에 넘어가는 것일까?

월세방에 살면서도 차는 외제차 페라리를 몰고 다니고 싶어하는 성향이 대부분의 남자들에겐 있다. 왜냐하면 이러한 허세가 여성들의 마음을 얻는 데 효과적이기 때문이다. 이 말에 여성들은 "그건 사실이 아니에요. 여자들의 마음을 제대로 헤아리지 못한 짓이에요."라고 이의를 제기할지도 모르겠다. 하지만 여성은 물론 남성들 스스로도 자각하지 못할 뿐이다.

어떤 여자가 두 명의 남자와 몇 시간 틈을 두고 소개팅을 하게 되었다고 가정해보자. 성실한 느낌을 주는 한 남자는 "저의 꿈은 아주 현실적입니다. 50세가 되더라도 자기 집을 가지기 어려울 것입니다. 아무리 노력해도 말입니다. 그래서 저는 허황된 꿈을 꾸지 않습니다. 그저 작은 전세에 만족합니다. 그런 작은 집에서 평범하게 살고 싶습니다. 자녀 교육비도 만만찮게 들어서 저의 급여로는 대학에 보내기도 어렵습니다. 그래서 아이들은 고등학교까지만 가르치고 싶습니다. 이루지 못할 허황된 이야기는 싫어합니다."라고 말한다.

또 다른 한 남자는 자신만만한 말투로 "저는 앞으로 결혼해서 5년 후에 집을 살 것입니다. 10년 후에는 빌딩을 하나 살 것입니다. 그리고 더 성공해서 당신한테 빨간색 오픈카를 하나 선물할 것입니다. 이날 우리 파티를 열어요. 두고 보세요. 저는 제 꿈을 꼭 이룰 것입니다. 당신을 실망시키지 않을 것입니다."라고 말한다.

한 사람은 허세를 부리지 않고 충분히 현실 가능한 이야기를 했고, 한 사람은 허황된 약속을 하며 허세를 부렸다. 과연 여자는 어떤 남자에게 더 끌리게 될까? 아마도 현실에선 불가능해 보일지 모르지만 허세를 부리며 당당하게 말하는 남자에게 매력을 느끼는 여자들이 더 많을 것이다.

왜 그럴까? 그것은 바로 폼을 잡고 싶어 하는 남자가 더 남자다운 느낌이 들기 때문이다. 그리고 그런 남자다움에서 희망과 열정을 볼 수 있기 때문이다. 그것이 현실 가능성이 있는가 하는 문제는 얘기를 듣고 있는 순간에는 힘을 발휘하지 못한다. 여자가 머리로는 부정하면서도 허풍 떠는 남자에게 끌리는 이유는 허풍이 바로 남성호르몬의 특징 중 하나기 때문이다.

여자들도 남자가 말하는 것이 현실적으로 전부 이루어질 거라고는 믿지 않는다. 바보도 아닌데 모를 리가 없다. 그래도 그런 사람이 좋은 이유는 그런 남자가 훨씬 더 남성호르몬이 강하기 때문이다. 여자들은 본능적으로 건강하고 강한 남성에게 끌리는 것이며, 건강한 사람에게 가능성이 더 있다고 생각하게 된다. 실현 가능성의 문제가 아니라 건강한 남성을 찾고 있는 것이다.

도전할 때
승률이 높아진다

지인 중에 캘리포니아 오렌지카운티에 거주하는 교포 2세가 있다. 회계사로 일하는 그는 부동산 투자를 아주 과감하게 해 큰 부를 이룬 사람이다. 보통 회계나 세무 업무를 하는 사람들은 위험한 투자는 피하고 안전한 투자 쪽을 선택하는 경향이 강하다고 한다. 그래서 엄청난 수익을 거두지는 못하지만 안정적인 수입을 추구하고 안전하게 노후를 보내는 사람이 많은 것으로 알려져 있다. 그런데 내가 아는 그 사람은 그러한 일반적인 경향과는 달랐고, 예측과 달리 큰 부자가 되었다.

그는 학교 다닐 때 모터사이클의 속도감에 빠져 폭주를 즐기던 사람이었다고 한다. 죽을 고비도 수없이 경험할 만큼 속도에 미쳐 있던 그는 공부는 뒷전이었고 밤마다 어두운 도로를 엄청난 속도로 달렸다. 왜 어두운 도로를 좋아하느냐는 질문에 그는 어두운 도로가 밝은 도로보다 위험하기 때문에 쾌감이 배가된다고 했다. 한편으로는 어처구니가 없었다. 모터사이클을 타는 횟수가 많아질수록 응급실에 실려 가는 일도 늘어났다. 그의 부모님은 병원에서 전화가 오면 하늘이 무너지는 심정이었다고 한다.

그런 그가 학교를 졸업한 후, 정신을 차리고 공부해서 회계사가 되었다. 그리고 부동산 투자를 하기 시작하면서 그의 상황은 확 달라졌다. 그는 투자도 마치 스피드를 즐기듯이 했다. 그러니 많은 실패를 보는 것은 당연했다. 하지만 그는 자신의 투자 성향을 고수했고 쓰라린 실패도 경험했지만 실패 또한 자산으로 삼아 마침내 어마어마한 부를 모으게 되고 성공한 투자가가 되었다.

그의 부인은 아주 미인인데 성공한 사람이니 미인을 얻었을 것이란 생각을 했다. 그런데 알고 보니 의외였다. 남편이 가진 것 없고 미래도 불투명한 채 모터사이클에만 미쳐 있던 시절에 그녀는 남편을 만났다고 했다. 부인은 당시의 남편이 멋있어 보였고, 그 이유를 정확히 말할 순 없었지만 가능성이 보였다고 했다. 폭주족에게서 미래에 대한 가능성을 읽은 부인은 본능을 따른 것이다. 한편으로 그것은 대단한 능력이기도 하다.

그런데 성공한 남자들에게서 이와 비슷한 내용을 많이 듣는다. 그들은 대부분 성공 확률이 적거나 위험한 도전을 과감하게 하고 실패도 많이 한다. 하지만 결국 성공하는 경우가 많다. 왜 이러한 사람이 성공하는 경우가 많을까? 그리고 왜 이러한 사람들이 미인을 얻을까?

남성호르몬의 또 하나의 특징이 '리스크 테이킹Risk Taking'이다. 바로 위험을 무릅쓰는 것이다. 그러한 호르몬의 특징 때문에 대부분의 남자들이 여자들보다 위험한 짓을 즐기는 것이다. 위험한 산악자전거를 타고, 절벽에 오르고, 곡예 보드를 타는 것이다. 또한 이러한 무리에 끼지 못하면 남자답지 못하다는 느낌을 받게 되어 기를 쓰고 함께 어울리려 한다.

그런데 어떻게 보면 무모해 보이는 리스크 테이킹은 더 나은 상황을 위한 필수 과정이기도 하다. 두려워하지 않고 위험한 일에 도전한다는 것은 실패도 할 수 있지만 또 그만큼 성공할 확률도 높다는 걸 의미한다. 리스크 없이는 이득도 없다. 사업을 할 때도 너무 안정적인 투자만 고집한다면 위험하지는 않지만 수익이 많이 생기지 않는다. 즉 성공하기는 어렵다. 어느 정도 위험을 감수할 때에야 반대급부로 성공의 가능성도 커지는 것이다.

이 리스크 테이킹이 바로 남성호르몬 때문에 작동하는 것이다. 나이가 들어 남성호르몬 수치가 떨어지면 점점 위험한 일을 하지 않게 된다. 그래서 노인들은 항상 어떠한 상황에서도 조심하라고 자녀에게 당부하곤 한다. 그들 눈엔 세상의 모든 게 걱정거리고 위험해 보이기 때문이다. 출근하는 딸이 걱정이고, 술 먹는 아들이 걱정이다. 그래서 걱정을 사서 한다고 자녀들에게 말을 듣기도 한다. 남성호르몬이 줄어든 탓이다.

다시 본론으로 돌아가면, 위험한 짓을 하고 다니는 남자, 얼핏 보면 철이 없어 보이는 남자가 남성호르몬이 많은 건강한 사람이고 그러할 가능성도 높다는 것을 여성들은 본능적으로 감지한다. 그래서 젊은 여성들은 안정적인 것보다는 위험을 감수하더라도 모터사이클을 타고 달리는 남자를 멋있다고 생각한다. 겁 많고 소심해 벌벌 떠는 남자는 여성의 마음을 사로잡을 수 없다.

리스크 테이킹의 대표적인 예가 도박이다. 도박장의 단골 고객들이 거의 남자들인 이유는 남성호르몬 때문이다. 대부분의 남자들은 허황된 일확천금을 꿈꾸고 있다. 차근차근 돈을 벌려고 하지 않는다. 남성호르몬이 강한 젊은 청년일수록 이러한 현상은 더욱 두드러진다. 그래서 청년들이 무모한 도전을 더 많이 하는 것이다. 무모한 도전일수록 남성호르몬이 최고조에 달하는 청년기에 제일 많이 나타난다. 기성세대들은 절대 이해할 수 없는 부분이기도 하다. 그래서 세대 간의 갈등이 생기는 것이다. 재미있는 점은 지금의 기성세대도 젊었을 때는 똑같이 행동했다는 점이다. 그때는 남성호르몬이 풍부했기 때문에 자신의 행동이 무모하다고 생각하지 않은 것이다.

물론 현대사회는 무척 다양하고 복합적이기 때문에 일반적이고 절대적인 적용은 문제가 있다. 하지만 남자를 만나거나 남자들을 대상으로 하는 마케팅을 할 때는 이러한 남성호르몬의 특성을 잘 이해해야 한다. 리스크 테스킹은 결코 허황된 것만이 아니라 건강하다는 신호기도 하다.

24시간 불이 꺼지지 않고, 젊음과 돈과 술, 여자가 넘치는 세계 최대의 환락 도시는 역시 라스베이거스만 한 곳이 없다고 생각한다. 요즘 금융 위기로 그곳도 상당한 위기를 맞고 있다. 절대 몰락할 것처럼 보이지 않던 그곳도 직격탄을 맞은 것을 보면 세상에 변하지 않고 영원한 것은 없다는 것을 새삼 느낀다.

내가 라스베이거스에 갔을 때는 카지노가 즐비한 '스트립'이라는 거리의 많은 호텔들이 자정을 기해 스테이크를 단돈 1달러에 팔았다. 물론 '미끼 상품'이다. 1달러짜리 스테이크를 먹으러 왔다가 게임을 하고 가도록 유혹하는 것이다. 돈 없는 가난한 유학생들은 처음에는 1달러짜리 스테이크를 먹으러 가는 게 목표였지만 일단 카지노에 들어서면 게임의 유혹을 물리치지 못하는 경우가 많았다.

그런데 카지노에 가면 섹시한 여자들의 사진이 많이 붙어 있다. 또 서빙을 하는 여자들이 거의 반라의 상태로 일을 한다. 처음에는 왜 이러는지 의아했다. 이렇게 한다고 매출이 더 오를까 하는 의문이었다. 물론 카지노 고객의 대분은 남성 고객이다. 하지만 단순히 고객이 남성이니까 섹시한 여성이 서빙을 해야 한다는 생각은 너무 초보적인 전략처럼 보였다. 카지노 영업을 하는 사람들을 가리켜 '약삭빠른 여우'라고 표현하기도 하는데 그들이 이렇게 초보적인 마케팅 전략을 세웠을 리가 없는데 말이다. 그러다가 나중에 진화의학을 공부한 후에 그 답을 알 수 있었다.

남성호르몬의 중요한 특징 중 하나는 충동성이다. 남성 호르몬이 많으면 많을수록 충동적이 된다. 젊은 남성들이 여성이나 나이 든 남성보다 더 충동적인 이유다.

카지노의 전략은 아주 명확하다. 이들의 전략은 남성들의 본능적인 특징에 그대로 적중시키는 데 초점을 맞추고 있다. 반라의 여자들이 왔다 갔다 하면 남성호르몬의 수치가 급격히 올라간다. 남성 호르몬의 수치가 올라가면 자동적으로 충동적 행동들이 증가한다. 카지노에서 바라는 상황이 벌어지는 것이다. 충동적 상태에서는 계획에 없는 도박을 하게 되고, 또한 배팅 액수가 훨씬 높아지는 것이 뻔한 일이기 때문이다.

충동성을 조장하는 전략은 충동구매를 부추기고 결과적으로 매출 증대를 가져다준다. 이러한 전략은 고급 자동차 판매 전략에서도 진가를 발휘한다. 페라리와 같은 고급 차의 모델은 어김없이 섹시한 여자들이다. 단순히 보기에 좋도록 하려는 의도가 아니다. 남성호르몬인 충동성을 부추겨 판매를 촉진하기 위한 전략이다.

미남, 미녀를 좋아하는 것은 외모지상주의가 아니다

세상의 반은 여성으로 구성되어 있다. 여성들의 본성을 알지 못하고 세상을 이해하는 건 불가능하다. 남성의 특징에 이어 여성들의 특징을 진화적 관점에서 살펴보자. 자연에서 일어나고 있는 현상들을 바탕으로 그 특징을 소개하겠다.

사극에서 여성들의 머리 모양을 보면 얼마나 무거울까 하는 생각에 안쓰러운 마음이 들기도 한다. 옛 문헌에도 자신의 얼굴보다 큰 가체를 머리에 얹고 다니는 여성들에 대한 기록이 있다. 그런데 부유하고 지위가 높을수록 가체의 크기가 커졌다고 한다. 왕비가 가장 큰 가체를 얹었다는 말이다. 꼭 조선시대가 아니어도 여성들은 윤이 나고, 풍성하고, 건강한 머리로 가꾸기 위해 상당한 돈을 지불한다. 그러한 욕구를 겨냥해 수많은 헤어 미용 제품이 고객을 유혹하고 있다.

조선시대의 여성들은 왜 지위가 높을수록 머리 모양을 더 크고 아름답게 보이려고 했을까? 현대사회의 여성들도 풍성하고 건강한 머리카락을 유지하려고 노력한다. 왜일까?

이유는 간단하다. 머리카락은 여성이 자신의 건강함을 내보이는 중요한 방법이기 때문이다. 여성호르몬이 풍부하고 건강할수록 머리카락은 윤이 나고, 풍성하기 때문에 길게 기르기가 용이하다. 건강하지 못한 사람의 머리카락은 끝이 갈라지고 윤기와 탄력이 떨어지기 때문에 길게 기르고 싶어도 그럴 수가 없다. 이를 보완하기 위해 영양 크림을 바르고 반짝이는 젤을 바르고 보완을 하는 것이다.

여성호르몬은 사춘기를 지나서부터 풍부해져서 가임기가 되면 최고조에 달했다가 25세가 넘으면서 줄어들기 시작한다. 이때부터는 여성의 머리카락도 가늘어지고 푸석해진다. 그래서 여성들은 본격적으로 머리카락을 윤기 있게 유지하기 위해 제품을 사용하고 풍성해 보이는 파마를 하기 시작한다.

남자들이 긴 생머리의 여성을 좋아하는 것은 익히 알려진 사실이다. 남성들이 긴 생머리를 좋아하는 이유는 건강한 여성을 좋아하기 마련인 본능 때문이다. 특히 젊은 남성일수록 긴 머리를 선호하는데, 남성 호르몬이 가장 왕성한 때 여성호르몬이 왕성한 여성에게 끌리는 것이다. 건강하고 풍성한 긴 생머리는 여성호르몬이 왕성하다는 증거니까 말이다. 역으로 보면 대부분의 중년 여성의 머리가 짧은 이유기도 하다.

남성들이 긴 생머리보다 여성 신체에서 더 관심을 보이는 부분이 있다. 바로 여성들의 가슴이다. 남자들이 여성들의 가슴에 전폭적인 관심을 보이는 것은 부정할 수 없는 사실이다. 가슴이 작은 여성들은 그 사실을 숨기기 위해 브래지어로 교정을 한다. 그렇기 때문에 가슴을 크고 볼륨 있게 보이게 하는 브래지어 광고가 수시로 여성들을 유혹하고 있다. 또한 가슴 성형수술은 더 이상 부끄러운 일이 아니다.

왜 여성들은 볼륨 있는 가슴이 되기 위해 노력하고, 남성들은 여성의 풍만한 가슴에 유혹되는 걸까? 이 문제를 말하기 전에 아주 먼 옛날이야기를 하나 소개하겠다.

수천만 년 전 포유류는 지구상에서 아주 작고 약한 존재였다. 이들은 보호해야 할 새끼를 데리고 다니면서 먹이까지 구할 수 있는 뛰어난 능력을 가지고 있지 않았다. 그래서 이들은 새끼를 동굴이나 땅속에 숨기고 자신들만 밖으로 나와 새끼 대신 먹이를 먹었다. 그리고 스스로 젖을 만들어 다시 새끼에게 먹이는 종으로 적응해 살아남았다. 많은 학자들이 세운 가설이다. 이렇듯 젖은 포유류에게는 생명과 같은 것이다. 젖의 생산이 곧 새끼의 양육으로 이어졌던 것이다. 이러한 포유류의 특성 때문에 암컷의 가슴은 곧 자손의 번식과 같은 의미였다.

수컷은 암컷을 선택할 때 나름의 선택 기준을 가지고 있다. 첫째, 자신의 새끼를 건강하게 낳고 충분히 먹일 수 있는가. 둘째, 다른 수컷을 멀리해 자신의 유전자에만 충실할 수 있는가 하는 두 가지 기준이다.

어쨌든 수컷은 새끼에게 충분히 영양을 공급할 수 있을 것 같은 암컷에게 먹이를 물어다주며 구애를 한다. 그래야만 자신의 유전자를 남길 수 있는 기회가 높아지기 때문이다. 물론 암컷들도 수컷의 구애를 받을 수 있는 매력적인 암컷이 되기를 원하며 유혹을 한다. 수컷이 암컷의 선택을 받기 위해 구애 활동을 하는 것과 다를 바가 없다. 그중에서 암컷은 풍만한 가슴으로 건강미를 뽐내며 수컷을 조정해 자신의 생존 가능성을 높인다. 수컷이 암컷의 건강을 눈으로 확인할 수 있는 몇 안 되는 표시가 암컷의 가슴이기 때문이다.

여성은 자녀를 낳고 양육을 한다는 점에서 남성과 완전히 다른 존재다. 그래서 자궁과 가슴은 가장 특별하면서도 위대한 기관이라 말할 수 있다. 그중에서 눈으로 확인이 가능한 기관은 가슴이 유일하다. 물론 현대사회에선 여성이 수유를 할 수 없다고 하더라도 자녀를 양육할 수 있는 방법이 얼마든지 있다. 하지만 불과 100여 년 전(처음 소젖인 우유를 청결하게 보존하는 데 성공한 사람은 미국인 보텐이었고, 1885년의 일이었다. 당시엔 분말이 아니라 덩어리 형태였다.)까지만 하더라도 불가능했던 일이다.

그러니까 남성들이 품고 있는 여성의 가슴에 대한 동경의 근원적 이유는 생존과 번식 본능, 그리고 남성·여성 호르몬과 관련이 있다. 여성도 마찬가지다. 본능적으로 풍만한 가슴을 가지고 싶어 하며, 건강하고 자녀 양육에 뛰어난 매력적인 사람이 되려고 한다. 모든 것이 복잡해지고 다중적으로 표현되는 시대라 그러한 욕구가 내면 깊은 곳에 숨겨져 있지만 이러한 본능은 숨길 수가 없는 것이다.

가슴만이 아니다. 아름다운 여성의 몸매도 마찬가지다. 젊은 여성들이 비키니를 입고 다니는 바닷가 주변에서 다른 곳보다 훨씬 교통사고가 많이 발생한다고 한다. 모든 남자들은 멋진 몸매를 가진 여자를 보면 자동으로 한눈이 팔리는 모양이다.

남성들이 가장 좋아하는 섹시한 여성의 몸매 비율은 0.7이라고 밝혀낸 연구가 있다. 이때 비율은 '허리/엉덩이' 비율로 엉덩이가 100일 때 허리가 60에서 80 사이인 비율이 아름답다고 한다. 그러니까 평균은 70, 즉 0.7의 몸매를 가장 아름답고 섹시하다고 여긴다는 것이다.

왜 남성들은 뚱뚱하지도 않고 마르지도 않은, 허리가 볼륨 있게 잘록한 여성의 몸매에 호감을 보일까? 여기서도 우리는 호르몬의 작용을 보게 된다.

0.7의 몸매를 만드는 것은 여성호르몬이 하는 중요한 기능 중의 하나다. 여성으로서 가장 건강할 때 이러한 몸매가 가능하다는 이야기다. 나이가 들면 아무리 다이어트를 하며 노력해도 이런 몸매를 가꾸기가 어렵다. 젊을 때는 많이 먹더라도 배가 나오지는 않았는데, 나이가 드니 허리는 없어지고 배만 나온다는 하소연을 많이 듣는다. 나이가 들면서 점차 여성호르몬이 줄어들어 생기는 현상인 것이다.

남성들은 본능적으로 건강한 여성을 알아본다. 남성들은 건강한 여성을 보면 매력적이라 느끼며 자신도 모르게 그 여성에게 끌리기 마련이다. 그래서 여성들은 끊임없이 다이어트를 하고 몸매 가꾸기를 쉬지 않는 것이다.

또 있다. 우리 인간은 '대칭'에서 안도감을 느낀다. 원시시대부터 안전하게 기거할 수 있는 장소를 찾아다니면서 대칭성이야말로 안전을 담보할 수 있는 최고의 구조라는 것을 오랜 습득을 통해 알게 된 것이다. 대칭 선호에 대한 증거는 곳곳에서 나타나고 있다. 그림을 그릴 때도 비대칭보다는 대칭되게 그리고, 은신처를 만들 때도 대칭으로 만들고, 비대칭인 물건들은 되도록 피하게 된다는 많은 증거들이 있다. 동일한 성능을 가진 다른 모양의 물건 두 개가 있을 때 사람들은 비대칭의 물건보다 대칭성이 있는 물건을 더 많이 선택한다는 보고가 있다.

원시시대에는 안전 유전자와 회피 유전자가 생존에 필수적이었을 것이다. 대칭 선호는 이러한 안전 유전자의 역할 외에 다른 요소로도 작용한다. 미남, 미녀의 기준에도 작용하는 것이다.

우선 미남과 미녀의 일반적인 기준은 무엇일까? 사람마다 개인적인 주관에 따라 선호하는 얼굴이 있게 마련인데 어떻게 객관적인 미남과 미녀를 뽑을 수 있을까? 또한 서양인은 낯선 느낌의 동양 여자들 중에서 어떤 여자를 예쁘다고 생각하고, 그 반대의 경우에는 또 어떨까? 아무래도 미남, 미녀의 평균적인 기준이 나올 것 같지 않다.

그런데 연구 결과는 신기하게도 동양인이 예쁘다고 하는 동양 여자와 서양인이 예쁘다고 하는 동양 여자가 일치했다고 한다. 남성의 경우도 마찬가지였다. 그 이유는 바로 대칭성에 있었다.

동서양의 차이 없이 예쁜 얼굴은 대칭성이 있는 얼굴이었다. 실험에 참가한 사람들에게 호감 가는 얼굴과 호감 가지 않는 얼굴을 구분하라고 한 다음 대칭성을 분석해보았더니 호감 가는 사람이 그렇지 않은 사람보다 훨씬 더 대칭적이었다. 이러한 결과 역시 여성호르몬과 남성호르몬의 중요한 역할 때문이다. 우리 신체를 대칭되게 만드는 것이 성호르몬의 중요한 역할 중 하나기 때문이다. 그리고 우리에게 있는 안전 유전자는 대칭적인 얼굴을 선호한다. 즉 안전 유전자는 성호르몬이 강한 건강한 유전자에 호감을 느낀다는 것이다. 이러한 선호는 결과적으로 성호르몬이 풍부한 상대를 선택하게 되는 결과를 낳는다.

좌우가 대칭되고 균형이 잘 잡혀 있는 얼굴과 신체에 동서양 공통적으로 호감을 보이며, 이러한 사람을 잘생기고 예쁘다고 평가하는 이유는 한마디로 남성·여성 호르몬의 효과이고 안전 유전자가 작용하기 때문인 것이다.

그러므로 미남, 미녀를 좋아하는 것을 간단하게 외모지상주의라고 비판할 수만은 없다. 안전하면서도 건강한 유전자를 선택하려는 본성에 그 뿌리를 두고 있기 때문이다.

외모만이 아니다. 유쾌하고 유머러스한 남자와 잘 웃는 여자가 이성에게 인기가 있는 이유도 성호르몬 때문이다. 대부분의 사람들은 늘 비판적이고 문제점만 지적하는 사람들을 꺼린다. 그가 진실을 말하는 것일지라도 함께 있으면 피곤해지고 마음이 무거워지며 의욕도 떨어지기 때문이다. 반면에 늘 유쾌하고 쾌활한 사람은 함께하고 싶어 한다. 유머러스하고 서글서글하고 붙임성이 좋고 사교성이 좋은 사람이 많은 사람들의 호감의 대상이 되는 것은 남성과 여성의 경우 모두 다 해당된다.

　이 역시 호르몬의 작용 때문이다. 남성·여성 호르몬이 우리를 긍정적인 성격으로 만들고 자신감 넘치게 한다. 몸이 아프면 기분도 안 좋고 매사에 부정적이게 된다. 반대로 건강할 때 기분도 좋고 명랑할 수 있는 것이다. 이런 점을 생각해보면 긍정적이고 유쾌한 사람이 건강한 사람이라는 것을 알 수 있다.

　어렸을 때 어머니께서 늘 하시던 이야기가 생각난다. 어머니께서 처녀 시절에는 낙엽만 떨어져도 웃음이 나와 참을 수가 없었다고 한다. 그런데 나이가 드니 점점 웃을 일이 없다고 하셨다. 물론 세상의 풍파에 찌든 것도 이유일 것이다. 하지만 그 이유가 전부일까? 아니다. 웃음이 없어지는 것은 바로 호르몬의 영향 때문이다. 남성이나 여성이나 모두 나이가 들면서 성호르몬의 양이 줄어들게 되고, 그에 따라 자연스럽게 의욕이 떨어지며, 용기도 없어지고, 웃음도 줄어드는 갱년기가 찾아오는 것이다.

　미국에서 실시된 재미있는 실험 하나가 있다. 여성호르몬과 여성의 상냥함의 정도를 알아보기 위한 실험이었다. 술집 종업원들을 상대로 여성호르몬의 수치가 가장 높이 올라가는 가임기 때 받은 팁의 액수와 그렇지 않은 때 받은 팁의 액수를 비교했다고 한다. 결론은 가임기 때 더 많은 팁을 받았다고 한다. 그러니까 여성호르몬의 수치가 올라갈 때의 여성이 훨씬 더 애교 있게 행동하고 상냥해져 손님들로부터 팁을 더 많이 받은 것이다.

　여성호르몬이 풍부한 건강한 여성이 훨씬 많이 웃고 명랑하다는 증거다. 이것이 왜 남성들이 긍정적이고 명랑하며 잘 웃는 여성에게 끌리는지에 대한 이유기도 하다. 입장을 바꿔 남성의 경우에도 마찬가지다.

그러니까 긍정적으로 생각하고 웃어라. 당신을 매력적으로 보이게 하는 방법이다. 그러면 사람들이 당신에게 관심을 보일 것이다.

남성호르몬과 여성호르몬의 딜레마

건강한 남성의 특징들을 다시 한 번 나열해보자. 성격 좋고, 유머러스하고, 활달하고, 사교적이고, 몸도 좋으며, 게다가 능력도 뛰어나다. 그야말로 완벽한 남성이다. 이러한 남성을 마다할 여성은 아마도 없을 것이다.

그런데 여기서 아주 중요한 문제가 하나 발생한다. 이러한 남자도 결정적인 단점이 있다. 바로 바람기다. 다 좋은데 이러한 남자는 바람기가 다분하고, 이 또한 남성호르몬의 특징이라는 모순관계가 성립된다. 성호르몬의 또 다른 특징 중 하나가 왕성한 유전자 전달 욕구다. 끝없이 자신의 유전자가 퍼져 나기길 원한다는 것이다.

수컷의 입장에서만 보면 이 암컷이나 저 암컷이나 별다를 것 없이 교미를 통해 자기의 유전자 반을 전달할 수 있으므로 손해를 볼 것이 없다. 게다가 새끼를 자기가 키우는 것도 아니니까 말이다. 남성들은 투자비용이 적기 때문에 바람을 피우는 것이 유전자 전달에 더 유리하다고 판단한 것이다.

이러한 이유로 여자들이 완벽에 가까운 남자를 만나면 '저 남자는 건강하고, 성격도 좋고, 돈도 잘 벌고 다 좋은데 딴 여자와 바람피울 가능성이 농후해. 어떡하지? 틀림없이 주변에 여자가 많을 거야.'라는 걱정을 하기 마련이다. 그래서 이러한 완벽한 남자를 선택해야 되는지 말아야 되는지 딜레마가 생긴다. 이것을 남성호르몬 딜레마Testosterone Dilemma라고 한다. 남성의 '능력과 바람기' 사이에서 남성호르몬 딜레마가 생기는 것이다.

그래서 여성들은 이제 더 완벽한 남성을 찾기 시작했다. 돈도 잘 벌고, 성격도 좋고, 건강하면서도 바람기 없이 가족만 열심히 챙겨주는 가정적인 남자를 찾는 것이다. 현실 세계에서는 아마 찾기 쉽지 않을 것이다. 그래서 이 딜레마를 달래주는 영화나 드라마가 박수를 받는다. 남성호르몬 딜레마를 이용해 성공을 거둔 작품들은 무수히 많다. 영화의 주인공은 언제나 재벌 가문이든지 아니면 성공한 사업가이고, 자신의 신분과는 어울리지 않는 평범한 여성을 만나 오직 그 여성을 위해 희생하고 오직 그 여성만을 바라본다. 이렇듯 돈도 잘 벌고, 건강하고, 강하고, 그러면서도 오직 부인만 사랑하고 가족을 위해 희생하는 남자가 나오는 영화나 드라마가 크게 히트를 치는 것이다.

남성들이 여성의 마음을 사로잡으려면 여성들의 이러한 심리를 잘 활용하면 된다. 평생 아내와 자녀를 보호하고 그들을 떠나지 않겠다는 것을 과시하면 되는 것이다. 여성들은 이 말에 반신반의하면서도 결국에는 믿고 싶어 한다.

우리의 본성을 보여주는 재미있는 연구가 있다. 잘생기고 건장한 남성이 강아지를 안고 다니면 여성에게 전화번호를 얻을 확률이 훨씬 높다는 것을 밝힌 논문이 있다. 건강하고 또 사회적으로 성취감이 높아 보이는 남자들은 누가 봐도 일등 신랑감이다. 그런데다 그 남자가 바람피우지 않고 가정적일 것이라는 확신을 심어주면 더욱 최고가 된다. 강아지를 안고 다니는 남자는 다정하고 정이 많을 것이라는 느낌을 주게 되는데, 여성들에게 남성호르몬 딜레마를 어느 정도 해결해주는 효과가 있다. 그래서 여성들이 훨씬 쉽게 마음을 여는 것이다.

여성호르몬 딜레마도 있다. 내가 아는 여성 중 30대 초반의 아주 매력적인 동생이 있다. 동생은 한동안 주말마다 친구들의 주선으로 소개팅을 나갔는데 별 소득은 없었다. 동생이 마음에 들어 하면 상대 남자가 싫다고 하고, 남자가 마음에 들어 하면 동생이 싫다고 해 좋은 인연을 만나기가 쉽지 않았다. 이 동생은 성격도 좋고, 예쁘고, 센스가 있는 사람으로 남성들이 좋아할 만한 요소를 많이 가지고 있다. 그런데 왜 결혼 적령기가 지나도록 싱글로 있는지 의문이 들 수밖에 없다. 결혼을 하고 싶지 않은 것도 아닌데 말이다.

이유는 그 동생의 외모에서 풍기는 이미지 때문이었다. 평소 이 동생은 화장을 진하게 하는 것을 좋아했다. 눈 화장의 경우 스모키 화장에 가까울 정도로 진하게 했고, 옷도 다소 과감하게 입는 편이었다. 꾸미는 걸로 봤을 땐 노는 걸 좋아하고 아주 자유분방한 타입으로 생활도 과감할 것으로 짐작하기 쉬웠다. 그래서 대부분의 남성들이 동생에게 선입견을 갖고는 부담스러워한 것이다. 그런데 동생의 실상은 반대였다. 퇴근 후나 휴일에도 많은 시간을 거의 집에서만 보내고 밤늦게 다니지도 않는, 소위 말해서 요조숙녀 타입이었다.

계속된 소개팅이 좋은 결과로 이어지지 않자 소개팅을 주선하던 친구들이 원인이 무엇인지 적극적으로 찾기 시작했고, 화장법과 차림새 때문이라는 판단을 내렸다. 남성들의 이야기를 정리해보니 외모에서 느껴지는 이미지 때문에 '노는 여자'가 아닌가 하고 불안해했던 것이다. 친구들의 조언을 받아들여 동생은 화장을 부드럽게 하고 단정하게 옷을 입기 시작했다. 그리고 얼마 안 가 드디어 짝을 찾았다.

남성들은 왜 지나치게 화려하게 꾸민 여성에게 부담을 느끼는 걸까? 이러한 현상의 원인은 남성의 바람기에 대해 여성들이 걱정하는 것과 같은 이유다. 남성들도 여성이 정숙하지 않을 수 있다는 것에 불안을 느낀다. 매력적인 여성은 많은 남성들로부터 늘 구애를 받을 수 있기 때문이다. 그래서 남자들은 매력적인 여자가 자신이 아닌 다른 남성의 아이를 가질 수 있다는 의심을 가지게 된다. 여자 입장에서는 임신한 아이의 아버지가 누구이든 자신의 유전자를 50퍼센트 가지고 있다. 반면 남자의 입장에서는 상대 여자가 다른 남자의 아이를 가지게 되면 자신의 유전자 전달에 실패하게 되는 것이다. 이것을 '부성(父性) 불확실성'이라고 한다. 그래서 남자들은 자신의 여자에게 다른 남자들이 접근하지 못하게 막으며 강한 질투심을 내비치곤 한다. 배우자를 의심하는 의처(부)증이 남자에게 훨씬 많은 이유기도 하다. 남자는 이런 부성 불확실성 때문에 좀 '야해 보이는' 여성을 결혼 상대자로 선택하기를 꺼리게 된다.

앞뒤가 맞지 않는 이야기지만 남성들은 눈길을 끌 만큼 건강하고 매력적인 여성을 원하면서도 동시에 그 여성이 순진하고 단정하기를 원한다. 남성들이 길거리를 걷고 있는 섹시한 여성에게 눈길을 주면서도 자신의 여자 친구에게는 엄격한 이유다. 매력적인 여성에 대한 불안감, 이것을 여성호르몬 딜레마Estrogen Dilemma라고 한다. 여성들이 마음에 드는 남자 앞에서는 말도 잘 못하고 본능적으로 단정하게 행동하는 이유기도 하다. 이른바 '내숭'을 떨게 되고, 남성들은 가식적인 행동이라는 것을 알면서도 이러한 여성들에게 마음이 가고 또 안심이 된다.

남성호르몬과 여성호르몬의 딜레마 때문에 남녀 사이에 많은 사연들이 생기고, 그것들로 인해 울고 웃고 하는 것이다. 이것이 나날이 변화해가는 세상의 저변에 깔려 있는 본성들이다.

99퍼센트의 반란

고급 차와 명품에
기대는 이유

사람들은 늘 무리 속에 끼고 싶어 한다. 아무리 잘난 사람들도 무리에 끼지 못하면 허전하고 불안해하며 전전긍긍한다. 그러한 자신의 속마음을 티내지 않더라도 사람들과 어울리고 자신이 원하는 무리에 속하고 싶어 하는 게 인간의 본성이다. 그래서 왕따가 큰 사회적 문제가 되는 것이다.

그런데 왜 우리 인간은 무리 속에 있고 싶어 하는 것일까? 우선 생물학적인 특징에 포커스를 맞추어 살펴보자.

남성호르몬이 풍부해 건강하고 명랑하며 경제적인 능력도 좋아 언제나 암컷의 선택을 받는 수컷을 보면 그렇지 못한 다른 수컷들은 부러울 수밖에 없다. 암컷들은 건강하고 능력 있는 수컷을 선택하니까 말이다. 그렇다면 건강하지도 않고 능력도 별로 없는 수컷이 암컷으로부터 선택받으려면 어떻게 해야 할까? 자신도 마치 능력 있는 수컷처럼 보이도록 해야 하는데, 일종의 눈속임을 이용한다. 실제로는 먹이 사냥에 서툴지만 잘하는 것처럼 과장을 하는 것이다. 자신도 건강한 수컷들 무리에 속하는 듯 행동해서 그들과 같은 존재처럼 위장하는 것이다.

이러한 경향은 정도의 강약 차이는 있을지언정 거의 모두가 갖고 있다. 실패한 집단에 끼고 싶어 하지 않고 성공한 무리 속에 들어가고 싶은 것, 이것을 허딩 효과Herding Effect라고 한다. 자신도 다른 성공한 남자들처럼 능력 있는 남자라는 것을 알리는 것이다. 그래서 비록 월세를 내는 집에 살더라도 페라리를 사는 이유다. 페라리를 몰고 다님으로써 자신도 능력자 집단의 일원인 것처럼 보이게 하는 건데, 실제로도 스스로를 그렇게 느끼기도 한다.

많은 남자들이 능력이 안 되는데도 고급 차를 타고, 돈을 잘 버는 척 허풍을 떨면서 자신을 우수한 부류라고 떠들고 다닌다. 그런데 신기하게도 이러한 방법이 거의 효과를 본다. 세상이 이러한 사람들에게 관심을 보이기 때문이다.

이처럼 성공한 집단에 끼고 싶은 것은 사람의 본성이다. 수많은 상품 판매 전략은 바로 이러한 본성적 특징을 기반으로 탄생했고 오늘도 우리의 본성을 자극하며 엄청난 위력을 발휘하고 있다.

여성들도 마찬가지다. 원시시대로 다시 돌아가보자. 원시시대에 힘이 아주 센 남성이 있었다. 하지만 강한 남자에게도 사냥은 쉬운 일이 아니었다. 사냥할 멧돼지를 마주치는 날도 흔치 않았고, 그런 행운을 잡았다 하더라도 멧돼지 사냥은 호락호락하지 않았다. 목숨을 내놓아야 하는 위험한 일인 것이다. 혹시라도 멧돼지를 잡은 날이면 아주 의기양양해져서 사냥감을 들쳐 메고 부족에게로 돌아온다. 그리고 가장 마음에 드는 여성에게 멧돼지를 선물하며 구애를 한다. 목숨 걸고 힘들게 잡은 멧돼지를 누구한테 줄 수 있을까? 그렇다. 가장 매력적인 여자, 가장 건강한 여성에게 구애를 하는 것이다.

여성의 입장에서는 '이렇게 커다란 멧돼지를 잡다니 정말 힘이 세고 건강하구나. 먹이를 잘 구해올 수 있겠어.'라고 생각할 것이다. 그리고 멧돼지를 선물 받은 여성은 멧돼지 뿔이나 뼈를 목에 걸고 다닌다. 사냥감을 선물로 받았다는 것은 자신이 굉장히 매력적인 여자라는 뜻이니까 자랑하고 싶은 것이다.

인류가 장신구를 하기 시작한 것은 이렇게 생존과 관련되어 있었다. 장신구에 대한 많은 인류학적인 이론들이 있지만 이 가설이 가장 설득력이 있어 보인다.

시대가 달라져 그 양상이 다를 뿐 현대인들에게도 이러한 현상은 도처에서 나타나고 있다. 서양에서는 남자들이 비싼 명품이나 커다란 다이아몬드 반지를 여성에게 주면서 청혼을 한다. 큰 다이아몬드 반지는 여성의 마음을 흔들기에 충분하다. 여성들은 스스로 이유를 찾는다. '이런 비싼 것을 선물하다니 나를 엄청 좋아하나봐.' 사례 분석을 통해 발표된 자료를 보면 나이가 어린 신부일수록 선물 받은 다이아몬드의 크기가 커진다고 한다. 즉 건강한 여성일수록 능력 있는 남성의 구애를 받는 것이다. 계속되는 선물 공세가 여성의 마음을 흔드는 이유는 남성의 선물은 자신이 매력적인 여성이라는 걸 입증해주기 때문이다.

남성과 마찬가지로 여성들도 많은 여성 무리 가운데 매력적인 무리에 끼고 싶어 하고, 그중에서도 자신이 가장 돋보이고 매력적인 여성으로 보여야 한다는 본능을 갖고 있다. 그래야 건강한 남성이 자신에게 구애를 하니까 말이다.

그런데 세상에는 매력적인 여성만 있는 것이 아니다. 매력적이지 못한 여성들은 남성으로부터 선물을 받으며 구애를 받는 일이 쉽지 않으니 자존심이 많이 상한다. 이럴 때 여성에게도 남성들처럼 똑같이 허딩 효과가 나타난다. 자신도 남성으로부터 선물을 많이 받는 매력적인 여성들의 무리에 속하고 싶은 것이다. 그래서 스스로 명품을 사서 치장을 하고 다닌다. 다른 여성들처럼 자신도 선물을 받는 매력적인 여성이라고 위장이라도 해서 위로받고 싶은 것이다.

여기서 우리가 눈치 채야 할 것은 여성들이 명품을 들고 다니는 이유가 단순히 허영심 때문만은 아니라는 점이다. '나는 매력적인 사람이고 건강한 사람이다.'라는 것을 남한테 보이고 싶어 하기 때문인 것이다. 이것이 핵심이다. 허영이 아니라 매력적으로 보이고 싶은 것, 뛰어나고 매력적인 무리에 속하고 싶고 그런 척 위장하는 것은 무척 중요한 우리의 본성 중 하나다. 그리고 많은 마케팅에서 이러한 본성을 이용한다. 특히 여성을 타깃으로 한 마케팅에서 큰 효과를 얻고 있다.

세상은 우리가 자각하지 못할 뿐, 이렇듯 본성에 의해 움직이고 있다. 그것이 여러 복잡다단한 과정을 거쳐 나타나고 있기 때문에 그러한 원리를 쉽게 알아차리지 못할 뿐이다.

보통 사람들의 반란

텔레비전 드라마나 영화, 광고를 보면서 자신의 모습이 초라해지는 느낌을 받는 사람들이 많을 것이다. 광고나 영화, 드라마를 보면 세상에 잘난 사람들이 너무 많기 때문이다. 남자인 나는 간혹 드라마 속의 남자 주인공을 보고 있으면 기분이 울적해진다. 못생기게 태어난 것이 내 잘못도 아닌데 처음부터 불리한 출발을 했다는 생각과 세상은 왜 잘나고 성공한 사람들만 인정할까 하는 생각까지 들면서 말이다.

인기 스타 중에는 잘생기고 건강하고 돈도 잘 벌고 재주도 많은, 그런데다 아내와 자녀들에게도 정말 잘하는 사람들이 많은 것 같다. 그들은 남성호르몬의 딜레마도 없는 것처럼 보인다. 그러니 나를 비롯한 보통 남자들이 기가 죽는 것이 당연하다. 당연히 열등감도 생긴다. 그래서 이따금 들려오는 잘난 사람들의 파경 소식에 많은 사람들이 관심을 가지는 게 아닐까 생각해본다. 사람들의 이러한 경향을 단지 시기심 때문이라고 판단하는 것은 표면적인 이유만 보기 때문이다. 그런 시기심의 내면에는 우리들의 본능적 요소가 숨어 있다.

남자의 경우 잘난 사람들(남성호르몬이 강한 사람들)만 주목받는 세상이 되면 대다수의 남자들은 억지로라도 그 무리에 속하려고 노력하게 된다. 이것이 허딩 효과다. 그런데 노력하는 것이 만만치가 않다. 그야말로 뱁새가 황새를 따라가면 다리가 찢어진다는 표현이 딱 맞다. 그러한 시간이 지속될수록 사람들은 지치고 힘겨워한다. 주변 사람들이나 세상은 계속 더 노력하라고 부추기고, 뒤에 처지면 낙오자 취급을 한다. 그렇게 허겁지겁 달리다가 대다수의 잘나지 않은 사람들은 힘에 부쳐 잘난 사람처럼 행동하는 것을 그만두려 한다. 이제 이들에게도 위로가 필요한 것이다.

이때 역설적인 행동이 나타난다. 바로 보통 사람들이 주목받는 상황이 펼쳐지는 것이다. 마케팅을 비롯해 세상의 많은 부분들이 잘난 사람을 내세워 그 잘난 무리에 끼고 싶어 하는 우리의 본능을 자극하지만 일단 사람들이 지치기 시작하면 효과가 떨어진다. 대신 역설적으로 잘나지 못한 사람들, 외모를 말한다면 뚱뚱하고 못생긴 사람들이 주목받기 시작한다. 그러한 현상은 자신과 비슷한, 결코 잘나지 못한 사람들도 희망이 있다는 바람이 반영된 결과며, 동시에 열등감까지 해소해주는 결과로 이어진다. 잘난 사람들을 따라가려다 힘에 부쳐 지쳐갈 때 오히려 자신과 같은 보통 사람도 낙오자가 아니라 가치 있고 괜찮은 사람일 수 있다는 메시지를 누군가에게 읽을 수 있다면 사람들은 그 누군가에게 열광하게 되는 것이다. '뚱뚱하고 못생겼지만 주목을 받다니, 나 같은 사람들도 그럴 수 있겠구나.' '나도 예쁜 여자에게 선택받을 수 있겠어.' 하고 생각하는 것이다.

99퍼센트에 속하는 대부분의 사람들은 이러한 현상에 열광한다. 바로 자신들의 이야기이기 때문이다. 1퍼센트 잘난 사람들의 이야기를 하고 있는 것이 아니라 99퍼센트 못난 사람들의 이야기를 하고 있기 때문이다.

한쪽으로 너무 치우치기 시작하면 세상의 관심은 그동안 주목되어왔던 잘생긴 사람들에게서 보통 사람들에게로 이동한다. 허딩 효과를 따르던 99퍼센트가 저항을 하는 것이다. 왜 그럴까? 바로 생존을 해야 하기 때문이다. 잘난 무리에 끼고 싶은 열망은 언제나 존재하지만 가능성은 점점 희박해지고 몸과 마음은 지친다. 그러면 사람들은 대안을 찾게 된다. 그 대안은 '잘나지 않은 사람들도 멋질 수 있다.'라는 현상을 만들어내는 것이다.

이것을 남성호르몬의 역설Testosterone Paradox이라고 한다. 잘나지 못한 사람들이 반란을 일으키는 것이다. 잘난 사람들만 독주할 때 이러한 반란이 생기게 되어 있다. 그것이 자연의 질서다.

여성들도 역시 마찬가지다. 세상은 예쁜 여자들이 지배를 하고 있다. 그렇지 못한 여성들은 더 이상 도망갈 탈출구도 없다. 자신도 예뻐지거나 예쁘게 보이도록 연출하는 데 목숨을 걸어야 할 정도다. 하지만 예뻐질 수 있는 데는 한계가 있다. 결국 못생긴 여성들은 희망을 찾지 못하고 좌절한다. 그런 여성들이 마지막으로 해야 할 일은 사라져 버리거나, 반란을 일으키는 것이다. 결국은 후자를 선택하기로 한다. 왜 그럴까? 살아남고자 하는 우리의 본성 때문이다. 드디어 보통 여성들의 반란이 시작된다. 이 반란은 '도브'라는 비누 회사에서 시작되었다.

텔레비전 속은 그야말로 예쁜 여자들의 세상이다. 텔레비전을 보면 세상에는 예쁜 여자들만 있는 것 같다. '예쁘면 모든 게 용서된다.'는 식의 사회적 분위기에다 언론의 영향까지 가세해 우리나라는 '성형공화국'이라는 별명까지 얻은 상황이다. 취업은 물론이고 무엇을 하든지 얼굴이 우선 예뻐야 된다. 그렇지 못한 사람들은 이루고 싶은 꿈을 이루기가 너무나도 멀고 힘들다. 이는 우리나라에만 있는 현상이 아니라 거의 모든 문화에서 나타난다. 예쁜 사람들(여성호르몬이 강한 사람들)만 주목받는 세상이 되면, 대다수의 여성들은 억지로라도 그 무리에 속하려고 노력하게 된다. 이 노력 역시 만만치 않다. 남성들보다 오히려 더 힘들다. 화장을 하고 성형을 하고 운동과 식사량 조절로 다이어트를 한다. 음식이 없어서가 아니라 예뻐지기 위해 스스로 주린 배를 움켜쥐고 참는다.

그런 시간이 지속될수록 여성들도 결국 지치고 힘겨워할 수밖에 없다. 그러다가 한계점에 다다르면 정말 다 그만두고 싶어진다. 이들도 위로가 필요한 시기가 된 것이다. 이제 남성호르몬의 역설과 똑같은 현상이 일어난다. 보통 여성들이 주목받기 시작한다. 희망이 없어진 99퍼센트의 여성들이 대안을 찾기 시작한 것이다. '예쁘지 않은 보통 여성도 매력이 있다.'고 누군가 한마디만 던져도 잘나지 못한 여성들은 모두 박수를 칠 것이다. 자신과 마찬가지로 예쁘지 않고 뚱뚱한 여성들이 주목받기 시작하니 희망을 갖게 되고 열등감도 해소된다. 여성호르몬의 역설 Estrogen Paradox이 일어난 것이다.

여성호르몬의 역설을 이용한 마케팅을 시작한 곳이 '도브'라는 회사다. 늘 그렇듯 우리의 본성을 건드리는 예쁜 여성을 내세워서 광고를 하던 도브는 어느 날 갑자기 광고의 방향을 바꿨다. 주근깨 많고, 나이도 많고, 게다가 뚱뚱하고 주름도 많은 여성을 모델로 삼은 것이다. 다시 말해 여성호르몬이 풍부하지 않고 건강하지 않아서 주목받지 못하던 여성을 도발적으로 내세워 마케팅에 반란을 일으킨 것이다.

도브는 '이게 진짜다, 리얼 뷰티다, 세월이 만든 이런 모습이야말로 진짜 아름다움이 아닌가?'라는 메시지의 광고들을 쏟아냈다. 결과가 어떻게 되었을까? 짐작하듯이 대성공이었다. 대부분의 사람들이 열광적으로 호응했다.

'그래 나 같은 사람을 아름답다고 하네, 나도 그 자체로 아름답고 매력 있는 사람이야, 이제 쓸데없이 남이나 따라 살지 않을 거야, 내 인생도 그대로 멋진 인생이야.' 이러한 생각들을 하게 된 것이다. 도브의 이 광고는 히트를 쳤고 당연히 매출은 치솟았다.

남성호르몬의 역설과 여성호르몬의 역설, 이것은 99퍼센트의 보통 사람들의 반란이다. 우리에겐 아름답고 건강한 사람에게 끌리는 본성만이 아니라 생존하고자 하는 본성이 유전되어 있기 때문이다.

이것이 바로 '싸이'라는 가수가 있는 이유다. 주류가 아니라 비주류, A급이 아니라 B급의 이미지와 메시지를 내세운 싸이는 바로 99퍼센트의 반란에 힘입어 인기를 얻게 된 것이다. 바로 자연의 본성에 의해 세상은 돌아간다는 의미다.

영화 〈광해〉를 좀 더 자세히 살펴보자. 왕은 이미 남성호르몬의 최고점에 있는 존재다. 가장 성공한 사람이고 가장 돈이 많고 가장 권력이 강하다. 당연히 딜레마도 갖고 있다. 많은 여성들과 바람을 피우고 한 여자에게만 충실하지 않을 것이라는 불안이 딜레마를 만들어낸다. 그런데 왕이랑 닮았다는 이유로 가짜 왕이 된 사람이 그 딜레마를 해결한다. 후궁들에게 밀려 뒷방에만 있던 중전을 일편단심으로 사랑하고, 후궁이나 궁녀들도 인격적으로 대우하고, 백성들을 사랑하고 보호한다. 궁 밖에서는 열등한 존재로 취급받던 사람이 왕이라는 우수한 종자의 역할을 대신하면서 이미 왕이라는 존재가 가지고 있던 배경과 확보되어 있는 힘을 이용해 우수한 종자가 가지고 있던 단점, 즉 딜레마를 해결한다는 내용은 사람들의 호응을 불러일으킬 수밖에 없다.

우리의 본성 중 네 가지에 대해 앞에서 얘기했다. 첫째, 남성·여성 호르몬이 강한 우수한 사람을 선택하고 싶어 하는 본성, 둘째, 능력 있는 남자들의 바람기와 매력적인 여성에게 일어날 수 있는 부성 불확실성처럼 우수한 종자는 부작용을 갖고 있다는 본성, 셋째, 잘나지 못한 사람들이 잘난 사람들의 분위기에 동조하고 그 무리에 속하고 싶어 따라하는 본성, 넷째, 99퍼센트의 보통 사람들이 아무리 노력해도 '조인성'이 될 수 없기에 일으키는 반란 본성이 그것이다.

우리 인간의 이러한 네 가지 본성을 잘 파악하고 활용한다면 자신의 생활도 새로운 차원에서 관리할 수 있다. 그리고 사업 등의 경제적 활동에서도 좋은 결과를 끌어낼 수 있을 것이다.

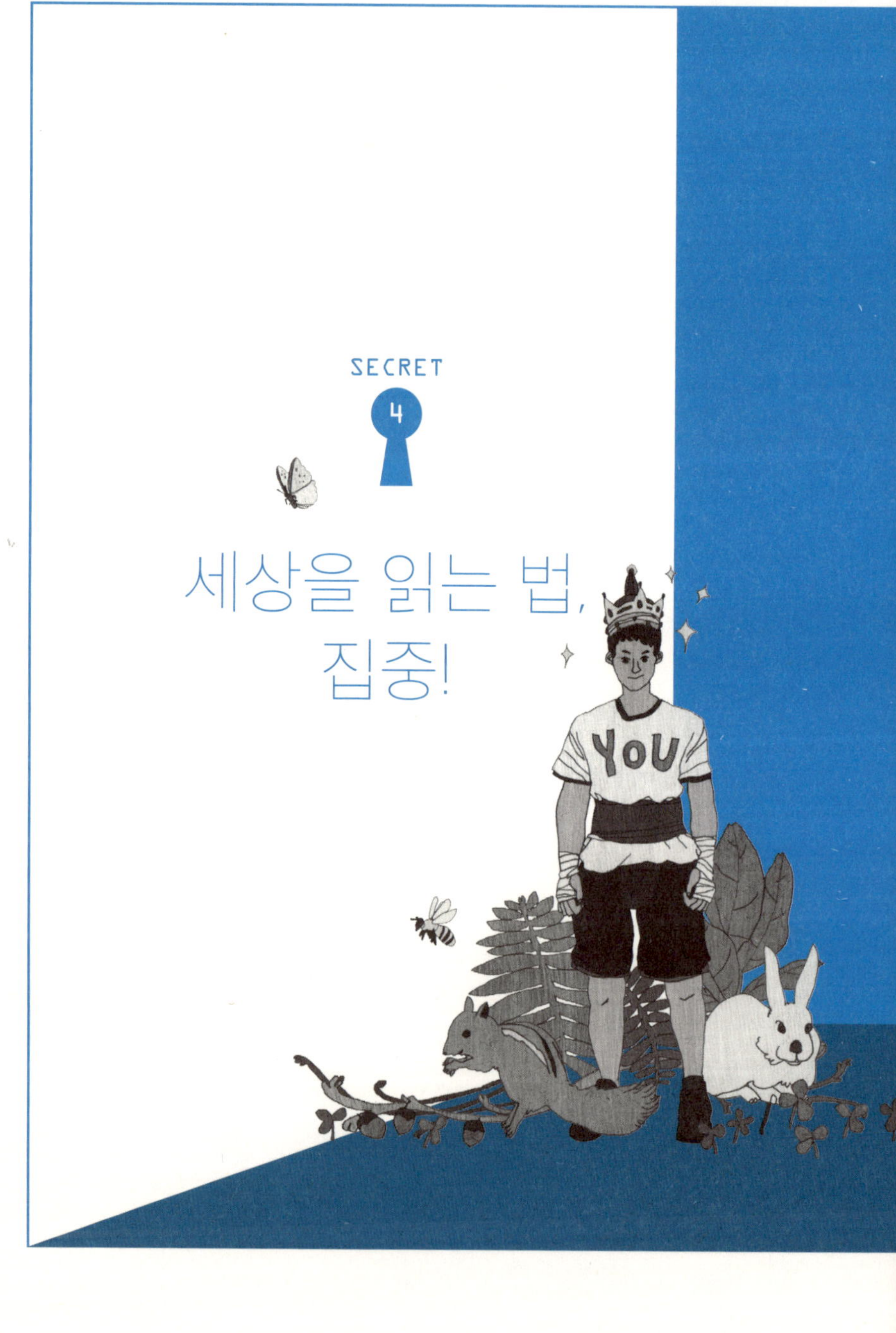

세상을 읽는 법, 집중!

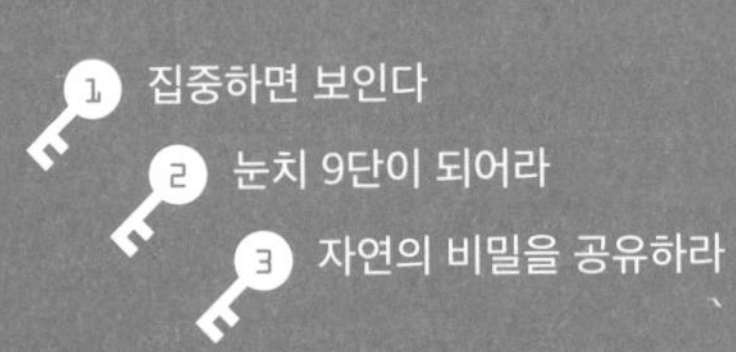

1 집중하면 보인다
2 눈치 9단이 되어라
3 자연의 비밀을 공유하라

집중하면 보인다

미래는 스스로
만들어가는 것이다

자신이 좋아하고 잘할 수 있는 일을 찾았다면 이제 그 길로 가는 일만 남았다. 그런데 어디로 어떻게 가야 할까? 무턱대고 열심히만 간다고 되는 일은 아니다. 길을 찾을 수 있어야 한다.

간단하게 말하면 앞으로 비가 올지, 또는 겨울이 올지, 아니면 여름이 올지 알아야 그에 맞는 장사를 해서 돈을 벌 수 있다. 대전에서 서울로 가는 것이 목표라면 서울로 가는 길을 알아야 한다. 정확한 길도 모른 채 쉬지 않고 무작정 열심히 가기만 했는데 도착한 곳이 부산이라면 애초에 서울로 가는 것이 자신이 원하는 목표가 아니었던 것이다. 길을 가면서 지치기도 하고 이 길이 아닌가 하는 의심도 드는데, 세상은 그저 최선을 다하지 않아서 그런 생각이 드는 거라고, 도착할 수 있다는 긍정적인 마음으로 열정적으로 달리기만 하라고 말한다. 낙담하지 말고 포기하지 말고 꿈을 가지고 열심히 가면 분명 도달할 것이라고 핏대 세워 격려해준다. 그러다가 중도에 포기라도 하면 의지가 약하다고 비난한다. 힘들게 가봤자 그곳은 목적지로 정한 서울이 아니라 부산인데도 말이다.

우리는 어떻게 길을 찾을 수 있을까?

답은 하나다. 집중해야 한다. 집중이 가장 좋은 방법이다. 집중을 해야 상황을 정확하게 파악하고 예측할 수 있다. 성공한 기업가들은 사업의 성패는 '타이밍'과 '방향'에 달려 있다고 말한다. 내가 진화의학을 소개하면서 늘 하는 말과 같다. 지금이 여름인지, 겨울인지, 아니면 봄이 오고 있는지 알아야 하고, 가야 할 곳의 방향이 대전인지 서울인지 부산인지를 알아야 한다. 그리고 그것을 알 수 있는 방법이 바로 집중이다.

개구리도 곧 겨울이 올지, 봄이 올지를 알고 어디로 뛰어야 자신이 살 수 있을지를 알기에 지금까지 살아남을 수 있었다. 그것은 집중했기 때문이다. 우리 청년들도 자연이 하듯이 어느 방향으로 언제 어떻게 움직여야 할지를 알아야 꿈을 이룰 수 있다.

아무리 머리가 좋고 기발한 기술을 가지고 있다 하더라도 사업에 실패하는 사람이 많은 이유는 세상을 제대로 읽지 못했기 때문이다. 우리 회사가 이만큼 성장할 수 있었던 이유 중 하나가 바로 건강한 먹을거리와 다이어트에 대한 사람들의 관심이 높아져가는 시점에 출발했기 때문이다. 웰빙 콘셉트가 시대의 요구와 맞아 떨어진 것이다.

물론 운이 좋아 사업을 성공시키는 사람들도 있다. 그런데 그 사람들은 집중하고 집중해서 스스로 알아낸 것이 아니기 때문에 불안할 수밖에 없다.

꾸준히 세상의 흐름과 방향을 볼 수 있는 능력을 길러야 한다. 그래서 세상이 어떻게 변하고 있는지 알아야 길을 제대로 찾을 수 있다. 변화의 의미가 무엇인지는 집중할 때만 알 수 있다. 집중할 때 우리는 길을 볼 수 있고, 보이는 길로 갈 수 있다.

예를 들어 외식업을 하고 싶다면 그 분야를 끊임없이 관찰하면서 지금의 트렌드가 어떤 변화를 거쳐서 이러한 형태로 나

타나고 있으며 그 변화가 의미하는 것이 무엇인지 읽어내야 한
다. 요즘 젊은이들이 왜 값싼 음식을 좋아하고 어떠어떠한 경향
의 인테리어를 좋아하는지, 그것이 의미하는 것은 무슨 뜻인지,
이러한 것들을 알면 그 다음에는 자신이 무엇을 해야 하는지 알
수 있다.

집중해서 세상을 보지 못하면 성공하기 어렵다는 것이 진화
의학자로서 내가 젊은 친구들에게 해주고 싶은 말이다. 스펙을
쌓고 책을 파고든다고 성공할 수 있는 것이 아니다.

어르신들 중에는 그렇게 고생하며 열심히 살았는데도 별 볼
일 없는 인생이라고 한탄하며 "이놈의 세상, 더러운 세상! 꿈을
가지고 열심히 살아도 자기 꿈을 못 이루는 더러운 세상! 돈 많
고 가진 놈들만 또 되는 세상!"이라고 울분을 토하기도 한다. 스
스로 서울을 목적지로 정해놓고는 부산으로 부지런히 가버리면
열심히 해도 안 될 놈들은 안 되고 되는 놈들은 다 따로 있다고
투덜거릴 수밖에 없다. 자신의 길을 못 찾으면 아무리 열심히 살
아도 자기 꿈을 이룰 수 없는 것이 자연의 법칙이다.

규칙을 찾고 세상을 읽을 수 있는 유일한 방법은 집중이다.
특히 자신이 하고자 하는 일에 대해 알고 싶다면 그 일에 집중해
야 한다. 소위 말해서 미칠 수 있어야 한다. 어떤 일이든 미치지
않고서는 성공할 수 없다. 미칠 수 있는 만큼 좋아한다면 집중은
저절로 가능한 것이다. 좋아하지 않는 일이더라도 단지 성공을
위해 단기간 집중할 수는 있다. 하지만 몰입할 수는 없다. 많은
경우 미칠 만큼 그 일을 좋아하는 것이 아니라 인기가 좋아서,

돈이 좋아서 하는 경우가 많다. 이런 경우는 인기가 없어지고 돈이 벌리지 않으면 금세 그만둘 수밖에 없다. 그러나 진짜 좋아하는 것은 돈이 되든 안되든, 박수를 쳐주든 안 쳐주든 그 일에 몰입할 수 있다.

대충 노력하는 것으로 가능한 일은 없다. 45억 년 자연 속의 생명체 중 이제껏 살아남은 모든 생명체는 생존을 위해 미치도록 몰입했다. 이것이 자연에서 보여주고 있는 성공에 이르는 길이다. 다시 한 번 강조하자면 꿈을 못 이룬 것은 열심히 살지 않아서가 아니다. 미칠 만큼 좋아하는 일을 찾지 못한 것일 뿐이다.

또 하나, 간절하면 집중할 수 있다. 어떤 학자가 말하기를 곰에게 '미련 곰탱이'라고 하면 안 된단다. 곰은 미련한 게 아니라 굉장히 예민하다는 것이다. 곰은 겨울이 올 즈음이 되면 먹는 양을 평소에 두세 배 정도 늘린다. 곰의 종류에 따라 훨씬 더 많이 먹는 종도 있다. 그뿐만이 아니다. 날씨가 추워지면 심박동 수를 줄인다. 거의 50퍼센트 가까이 심박동 수를 줄인다는 보고도 있다. 기초대사량도 줄여 에너지를 절약한다. 곰은 이러한 과정을 통해 몸속에 지방을 어마어마하게 저장한다. 겨울을 대비하는 것이다. 기온이 조금만 바뀌어도 기온의 변화를 읽고, 또 해의 길이를 읽으면서 겨울을 감지한다. 곰뿐만이 아니다. 모든 생명체들은 환경에 집중해 살아남을 방법을 스스로 만들어낸다. 생존의 문제, 죽느냐 사느냐 하는 문제가 달려 있기 때문에 예민해지는 것이다.

야생은 말할 것도 없고, 집에서 키우는 개조차도 생존에 중요하다고 생각되는 먹이 문제에 도달하면 무척 집중을 한다. 먹이에 대한 집중력은 상상을 초월한다. 먹이에 관련한 상황이면 주인도 물 수 있다.

간절함이 있으면 집중할 수 있다. 다시 말하면 헝그리 정신이다. 헝그리 정신이라고 해서 꼭 배를 곯아야 한다는 말은 아니다. 그만큼 절실하게 원한다는 뜻이다. 그런데 실제로 우리는 말로만 간절하다고 하고 있는 것은 아닌지 모르겠다. 살아남겠다는 간절함은 '미련 곰탱이'도 집중하게 만든다. 그러니 인간인 우리야 마음먹으면 얼마든지 집중할 수 있다. 만약 집중이 잘 안된다면 집중하는 대상이 간절히 바라는 것이 아닐 수 있다. 진정하고 싶은 꿈이라면 집중할 수 있는 힘이 생긴다.

진하게 연애하라

연애야말로 성공에 이르는 진짜 지름길이다. 뜬금없이 웬 연애타령이냐고 할지 모르겠다. 사람들마다 꿈은 다양하다. 돈을 많이 벌고 싶은 꿈, 유명해지고 싶은 꿈, 그림 그리는 사람이 되고 싶은 꿈 등 누구나 자신의 꿈을 가지고 있다. 그리고 이 꿈을 위해 오늘도 열심히 살고 있을 것이다. 때로는 실망하고 좌절하면서도 희망을 버리지 않고 있을 것이다.

그런데 만약 꿈을 이루는 것에 자꾸 실패하고 좌절한다면 도대체 왜 그런지 지금까지와는 다른 관점에서 한 번이라도 생각해본 적이 있는가?

근본적인 시각부터 바꾸고 세상과 자신에 대해 생각해봐야 할 것이다. 자신의 꿈을 이루기 위해 모든 생명체들이 수십 억 년 동안 해오고 있는 방법으로 시도해봐야 하는 것이다.

자연에서 살아남은 생명체들은 어찌 보면 생존에서 단 한 번의 실패도 없었다고 봐야 한다. 만약 어떤 방법이든지 생존 자체가 실패했다면 지금까지 살아남지 못했을 테니 말이다. 인간의 경우를 이와 비교하는 것은 무리라고 의문을 품을 수도 있을 것이다. 여기서 내가 말하고자 하는 바는 세상이 돌아가는 원리를 파악하고 자신이 원하는 것이 진짜로 무엇인지 깨달을 수 있는 근본적인 방법을 말한다. 각자의 상황에 따라 구체적인 방법을 자연에서 고스란히 그대로 가져올 순 없다. 나는 '살아가는 태도'를 말해주고 싶은 것이다.

우리가 꿈을 향해 가는 길에서 실패를 최소화할 수 있는 좋은 방법 중 하나는 바로 연애를 하는 것이다. 자신이 어떤 일을 좋아하고 잘하는지를 알려면 연애를 해봐야 한다. 연애하는 심정으로 일들을 해보고, 그중 자신의 인연을 찾아서 평생 그 일과 함께 해보자. 청년멘토소사이어티에서 만나는 청년들이나 닥터로빈 직원들을 보면 자신들이 뭘 해야 하는지 모르겠다는 고민을 털어놓는 경우가 많다. 그럴 때 나는 연애를 하라고 권유해준다.

"처음 만나는 이성이랑 바로 결혼할래? 아니잖아. 일도 그런 거다. 여러 사람 만나봐야 진짜 짝을 찾을 수 있듯이 일도 연애하는 기분으로 해. 그러다 보면 평생 하고 싶은 일을 만나게 돼. 연애하다가 안 맞으면 헤어지듯이 좋아하는 줄 알고 해봤는데 안 맞는 일이면 그만둬라. 진짜 인연은 알아보게 되어 있다.”

예를 들어 바리스타를 해보고 싶어 직접 그 길로 나아가봤는데 생각과 달리 자신과 안 맞는다면 빨리 그만둬야 한다. 나이 먹는 게 겁나서, 새로운 일에 도전하는 게 두려워서 자신의 일이라는 확신이 안 서는데도 계속 그 일에 매달리면 결국 자신이 설계했던 삶을 살 수가 없고 오히려 시간 낭비를 한 셈이 된다. 30세가 되든 40세가 되든 늦지 않았다. 나는 40이 넘어서 내 길과 일을 찾았다. 그리고 세상을 새롭게 사랑하며 행복하게 일한다. ‘늦은 때’는 없다. 자신이 가야 할 길을 못 찾고 엉뚱한 길을 가고 있다면 과감하게 이별해야 한다. 때가 중요한 것이 아니라 자신이 가야 할 길과 자신의 일을 찾는 것이 중요하다.

자신이 하고 싶은 일과 연애를 하라. 만약 인형 만들기가 좋다면 인형 만들기와 연애하라. 그리고 오랫동안 연애할수록 더욱 좋다. 평생의 업으로 삼아야겠다는 결심이 서면 결혼하면 된다. 만약 이혼하지 않고 인형 만들기를 한 20년 동안 할 수 있다면 그 사람은 인형 제작의 달인이 될 것이다. 최고의 장인이 되는 것이다.

물론 20년 동안 아무런 생각 없이 인형만 만든다고 장인이 되는 게 아니다. 연애를 해본 사람은 알 것이다. 늘 상대가 생각나고 저절로 상대에게 집중하지 않는가! 고민이 있어야 한다. 어떻게 하면 코를 예쁘게 만들지? 어떻게 하면 미묘한 표정을 살려낼까? 24시간 연애하듯 인형 생각에 빠져 고민한다면 어느 날 깨달을 것이다. '인형의 원리가 바로 이것이었구나. 인형을 이렇게 만들면 내가 원하는 대로 만들 수 있구나.' 원리를 깨닫는 순간이 오는 것이다.

　사랑하는 사람과 연애하고 결혼하듯이 자신이 하고 싶은 일과 연애를 하라. 미지근하게 이 사람과 대충, 저 사람과 대충, 그렇게 집적거리듯 사귀는 사람은 언뜻 보기엔 인기 많고 연애박사처럼 보이지만 실제로는 공허하고 외로운 경우가 대부분이다. 진실로 사랑하는 사람을 만나겠다는 우리 모두의 바람을 그 사람은 이루기 힘들다.

　자신이 하고 싶고 좋은 일과 연애하되 열렬하게 연애하라. 그리고 진정 사랑한다면 결혼해서 평생 그 일과 살아라. 때로는 권태기가 올 수도 있고 때로는 어려움을 겪기도 할 것이다. 하지만 생각해봐라. 그렇다고 해서 우리의 부모님들이, 결혼한 모든 사람들이 이혼을 하지는 않는다.

　마찬가지다. 좋아서 하는 일도 좋을 때도 있고 나쁠 때도 있다. 평생 업으로 삼은 일이라면 쉽게 때려치우지 말자. 빨리 그 일에서 손을 떼야 할 경우는 자신의 일이 아닐 때다. 사랑하는 사람이 아닌데, 사랑과 집착을 구별하지 못하고 결혼까지 하면 결국 불행해지듯이 자신이 정말 좋아하는 일이 아닌데도 여러 가지 다른 이유로 좋아하는 줄 알고 그 일을 계속한다면 결국 실패하고 만다. 그런데 그것이 자신이 좋아하는 일인지, 자신에게 맞는 일인지 아는 방법이 연애다. 바람둥이가 되라는 말은 아니지만 많은 사람과 연애를 해보고 자신의 평생지기가 될 사람이 비로소 나타나면 그때 결혼을 하라는 말이다. 일도 마찬가지다. 몇 가지 관심 가는 일과 연애를 해보다 가장 좋아하는 일과 열렬하게 연애를 하면 그 일이 자신의 짝인지 아닌지 알 수 있다.

사랑하는 일을 선택해야 하는 가장 큰 이유는 바로 그런 일을 할 때 저절로 집중이 되기 때문이다. 연애에 빠진 사람을 생각하면 된다. 사랑에 빠졌을 때 어땠는가? 사랑하는 그 사람을 24시간 생각하게 되고 관심을 갖게 된다. 눈을 뜨자마자, 잠들기 직전에, 심지어 꿈속에서도 그 사람을 생각한다. 밥을 먹다가도 '이거 그(그녀)가 좋아하는데……'라고 떠올리고, 길을 가다가 쇼윈도에 진열된 머플러를 봐도 '그(그녀)에게 잘 어울리겠다.' 생각하며 지갑을 만지작거린다. 데이트가 있는 날이면 '오늘 만나면 무엇을 할까?', '뭘 하면 좋아할까?' 하고 하루 종일 궁리한다.

연애를 하면 상대방의 마음을 얻기 위해 저절로 24시간 집중하게 된다. 역시 일도 마찬가지다. 자신이 하는 일에 집중이 잘 안된다면 다시 생각해봐라. 정말 그 일이 당신이 사랑하는 일인지 재검토가 필요한 시점이다.

세상을 읽고 변화의 의미를 알아차림으로써 꿈을 이룰 수 있고, 그런 능력은 바로 집중에서 온다고 했다. 그리고 집중하는 방법은 사랑하는 일을 하는 것이다. 사랑하는 일이야말로 집중의 지름길이다.

청년멘토소사이어티를 운영하면서 만나는 많은 청년들에게 나는 창업을 권하곤 하는데, 그때 꼭 해주는 말이 있다. 창업을 연애하듯이 하라는 말이 그것이다.

연애라는 게 굉장히 복잡한 것처럼 여겨지지만 사실 간단하다. 좋은 사람과 하는 것이 연애다. 싫은 사람과 연애하는 사람은 없다. 집중은 누구에게나 무엇에게나 가능한 것이 아니다. 그만큼 마음이 끌리지 않으면 집중하고 싶어도 집중이 안 된다. 내가 수학에 집중해야 하니까 집중하겠다고 마음먹는다고 해서 집중이 되는 것이 아니다. 그래서 대부분의 사람들이 공부에 집중하지 못하는 것이다. 하기 싫어서 꾀를 부리기 때문이 아니다. 사랑하게 되면 저절로 집중이 되기 마련이다.

사랑에 빠지면 결혼하고 싶고 결혼해서 오래도록 수십 년을 같이 행복하게 살고 싶은 것처럼, 창업도 그와 같은 원리로 해야 한다. 자연에서의 집중은 간절함과 사랑에서 나온다. 우리 생활도 똑같다. 자신에게 간절한 일, 자신이 사랑하는 일을 선택하는 것이다.

관찰하라

지인 중에 선교사 부부가 있다. 이들 부부는 파푸아뉴기니에서 선교 활동을 하는 존경스러운 분이다. 선교사로 활동하기 전 우리나라에서 소위 말해 잘나가는 직장에 다니고, 괜찮은 사업을 하신 분들인데, 어느 날 그것들을 모두 다 버리고 파푸아뉴 기니로 들어갔다. 그때부터 지금까지 파푸아뉴기니에서 20년 이 상을 살고 있는데, 이 부부가 간혹 우리나라에 들어오면 꼭 시간 을 함께 갖는다. 그때 들려주는 여러 가지 이야기들은 재미있기 도 하지만 많은 생각을 하게 한다. 우리와 다른 세상 이야기는 언제나 새롭고 흥미롭다. 파푸아뉴기니는 나도 언제 한번 꼭 가 보고 싶은 나라다.

파푸아뉴기니 공항에서 부부가 사는 마을까지는 길이 나 있 지 않다고 한다. 그래서 공항에서 헬기를 타고 가야 한다. 정글 속에 있는 마을이기 때문에 길을 낼 수가 없어서 먹을거리도 헬 기로 공수받아야 한다니 놀라울 따름이다. 그야말로 21세기 속 의 원시시대다. 마치 시간이 정지한 것 같은 느낌이 드는 그곳에 언젠가는 한번 가고 싶다는 생각이 얘기를 들을수록 강해졌다.

정글 속에는 몇 개의 부족들이 몇 개의 마을에 나눠 살고 있 는데, 부족 구성원의 수가 많은 큰 부족도 있지만 몇 십 명 정도 밖에 안 되는 작은 부족들이 대부분이라고 한다. 그런데 밀림이 부족과 부족 사이를 가로막고 있기 때문에 다른 부족끼리 서로 왕래도 없었고 언어도 달랐다. 물론 글도 없다고 한다. 그 부부 가 함께 살면서부터 글도 가르치고 다른 부족과 왕래도 하고 소 통도 하기 시작했는데, 그 덕분에 이제 부족들 사이에 다툼이 거 의 없어졌다고 한다.

그 부부가 들어가기 전에는 부족끼리 싸움이 치열했는데, 이유는 생존이 걸린 영역 다툼 때문이었다. 정글에서는 사냥과

채집을 통해 식량을 해결하기 때문에 식량을 구할 수 있는 영역이 생존의 문제와 직결된다. 각 부족들은 어디까지를 부족의 영역으로 정할 것인지에 대해 민감할 수밖에 없기 때문에 종종 영역 싸움이 일어나는 것이다.

오래전 일이지만 정글의 한 부족과 그곳에서 얼마 떨어지지 않았지만 정글을 벗어난 평지에서 사는 부족이 치열하게 싸운 적이 있었다고 한다. 하지만 영역 문제 때문이 아니었다.

정글의 부족이나 평지의 부족들이 공통적으로 '변절자'라 부르는 동물이 있다. 그 '변절자'는 파충류인데 정글 속에서는 색깔이 짙푸른 녹색, 즉 검은색에 가까운 녹색이고 부족들에게 좋은 먹잇감이었다고 한다. 그런데 이 동물의 색이 정글과 평지에서 각각 달랐다. 정글에서는 짙은 녹색이었는데 평지에서는 옅은 갈색이었다. 그래서 생활하는 방식이 다른 두 부족은 이 동물을 두고 서로 다른 이름으로 불렀다. 재미있는 것은 바로 그 점 때문에 두 부족이 치열하게 전투를 했다는 점이다. 그러니까 이 동물의 색을 놓고 짙은 녹색이다, 갈색이다, 서로 의견이 달라 갈등이 생긴 것이다. 물론 그 전에 이미 서로 감정이 안 좋았기 때문에 그것이 도화선이 되어 쉽게 싸움으로 번진 것이겠지만 드러난 이유는 그 파충류의 색깔 때문이었다.

과연 어느 부족이 잘못 본 것일까? 사실을 말하자면 두 부족 모두 다 옳았다. 밀림 속에서는 짙은 녹색으로 보이는 게 맞고 평지에서는 갈색으로 보이는 게 맞다. 아마도 추측컨대 카멜레온처럼 보호색을 띠는 동물일 것이다. 정글 깊숙이 어둡고 습기가 많은 곳에 사는 놈은 보호색을 짙은 녹색으로 바꾸었을 거고, 밀림을 벗어나 평지에서 사는 놈은 그 역시 환경에 적응해 보호색을 띠느라 몸이 갈색이 되었을 것이다.

결국 그 동물의 색이 밀림 속 부족이 사는 곳에선 짙은 녹색이 되고 평지에서는 갈색이 된다는 사실이 밝혀지면서 싸움은 중단되었다고 한다. 이후로 그 파충류를 변절자라고 부르게 되었다는 것이다.

처음 들을 때는 웃어넘겼지만 다시 생각하면서 좀 씁쓸한 생각이 들었다. 두 부족이 어리석고 한심해 보이지만 사실 이러한 현상은 우리 사회에서도 빈번하게 일어나는 일이고 우리 스스로도 저지르는 실수다.

어떤 문제든 거리를 두고 객관적으로 봐야 제대로 판단이 가능하다. 그런 우리는 각자가 원하는 틀 안에서만 현상을 보고 판단하려고 하기 때문에 갈등이 생기는 것이 아니겠는가? 보수와 진보, 청년과 기성세대, 이렇게 진영 간, 세대 간 갈등으로 대립하고 있는 이유도 자신의 입장에서만 보고 생각하기 때문이다. 세상은 어떤 입장에서 어떤 시각으로 보느냐에 따라 달라질 수 있다. 어느 한쪽이 일방적으로 옳은 것은 없다. 보수도 진보도 서로 자신들의 생각이 다 옳다고 주장하는 상황은 어찌 보면 파충류의 색을 가지고 싸웠던 두 부족의 상황과 같다는 생각이 든다.

이쪽 사람이 이렇게 이야기하면 그 이야기가 맞는 것 같고, 저쪽 사람이 저렇게 이야기하면 또 저 이야기가 옳은 것 같기에

도대체 뭐가 옳은지 알 수 없을 때, 우리는 결국 자기 마음에 드는 말, 즉 자신에게 이익이 되는 말을 옳다고 인정한다. 자신에게 필요하면 옳은 것이라 생각하고, 자신이 이해할 수 있는 것만 받아들이는 것이다. 하지만 그렇게 살다 보면 우리는 이리저리 흔들리는 걸음으로 어디에 서 있는지도 모르게 될 확률이 크다.

우리가 살아감에 있어 명심해야 할 핵심은 어떤 입장의 말을 믿을 것인가가 아니라 자신이 스스로 세상을 바로 읽고 사실을 가려낼 수 있는 힘을 가져야 한다는 점이다. 눈을 감고 있는 상태에서는 옳고 그름을 구별할 수 없다. '장님 코끼리 다리 만지기' 식의 자기주장을 하거나 그런 이야기를 곧이곧대로 믿는 사람이 되지 말아야 한다.

자연을 봐도 스스로 눈을 뜬 종만 살아남았다. 감겨 있던 눈을 뜨고 세상을 읽을 수 있을 때 비로소 우리는 살아갈 수 있다. 자신의 학벌, 재산, 스펙 등 사회적 기준에서의 등급과 상관없이 주인공이 될 수 있다. 이것이 자연이 던져주는 중요한 생존 교훈이다.

세상을 잘 보기 위해서는 집중을 하면 된다고 했다. 그 다음, 집중을 통해서 우리가 해야 할 일은 관찰이다. 집중을 통해 자세하게 보는 것이다. 모든 생명체들이 공통적으로 하는 첫 번째 행위도 관찰하는 것이다. 도대체 무슨 일이 일어나고 있는지, 먹잇감이 어디로 가고 있는지, 열심히 관찰한다.

거미는 거미줄을 칠 때 어디에 어떻게 쳐야 하는지를 약 24시간 관찰한 다음 결정한다고 한다. 적합하지 않은 곳에 쳐서 시간과 힘만 낭비할 필요가 없기 때문이다.

거미도 관찰하고 행동하는데, 우리는 일상을 살아가면서 관찰을 별로 하지 않고 사는 듯하다. 생존과 직접 연계되는 일이나 관련된 분야만이 아니라 우리가 매일 움직이고 있는 이 세상에 대해서도 관찰해야 한다. 우리는 낙엽이 지는지, 꽃이 피는지 모르고 살고 있다. 어느 날 문득 창밖을 보니 나뭇잎이 올라오고 푸릇푸릇 잎사귀가 돋고 있는 것을 보고 그때가 돼서야 봄이 왔다고 느낀다. 매일 지나는 길인데 계절의 변화를 한 템포 늦게 감지하는 것이다. 관찰을 하지 않기 때문이다.

나랑 무슨 상관이냐고 생각하지 말고 주변 공간부터 관찰하는 습관부터 길러야 한다. 뭐든 볼 때 그냥 아무 생각 없이 스치듯이 보는 게 아니라 유심히 관찰하는 습관을 들인다면 단순한 자연적 현상만이 아니라 삶의 여러 부분에서 질적인 관찰을 할 수 있게 된다. 그렇게 되면 관찰을 통해 세상의 변화를 발견하게 된다. 관찰을 하더라도 변화의 흐름을 알아차리지 못하면 소용없다. 집중하기 위해선 관찰하고 변화를 짚어내야 한다.

변화의 수수께끼를 풀어라

집중을 통해서 관찰하고, 관찰함으로써 변화를 읽어야 한다. 그런 다음에는 그 변화의 의미를 파악할 줄 알아야 한다.

간단한 예를 들어보자. 기혼 여성들이 종종 털어놓는 불평이 있다. 연애를 할 때는 자상했던 남편이 결혼 후에는 점점 무심해지더니 이제 아주 관심이 없어졌다는 것이다. 연애 시절에는 손톱의 매니큐어가 조금 벗겨져도 거친 일을 했냐고 걱정스레 물어보고, 한숨만 쉬어도 안 좋은 일 있냐며 걱정하고, 기침만 해도 어디가 아프냐고 호들갑을 떨던 사람이 이제는 아파서 앓아누워도 쳐다보지도 않는다며 푸념을 한다. 연애 시절에 남자들이 여자 친구의 사소한 변화를 알아차릴 수 있었던 이유는 집중했기 때문이다.

"사소한 것까지도 신경 써주는 남편의 따뜻한 배려와 관심에 반해서 결혼했는데 결혼 7년차, 아이까지 생기니 남편이 너무 무관심해요. 내가 그 사람한테 어떤 존재인지 모르겠다는 생각이 들 때가 많아요. 내가 대단한 걸 바라는 것도 아니잖아요. 다이아몬드 반지를 사달라는 것도, 명품을 사달라는 것도 아니고 그저 관심을 가져달라는 건데 허구한 날 피곤하다고만 하니 서운하기도 하고 화도 나요."

그 여성은 계속해서 이런 식으로는 살 수 없겠다 싶어 적극적으로 남편 마음을 바꿔보려고 결심했다. 우선 외모에 변화를 주기 위해 파마도 하고 화장도 하고 남편을 기다렸다. 예쁘다고 말해주기를 잔뜩 기대하고 있었는데 남편은 아무런 반응을 보이지 않았다. 기다리다 못해 아내가 먼저 물었다.

"자기야, 나 오늘 바뀐 것 없어?"

그러자 남편은 잠시 부인을 살펴보더니 별다른 감정이 느껴지지 않는 말투로 말했다.

"응, 평소와 똑같이 예뻐."

아내가 또 쓸데없는 질문을 한다고 여겼던 것이다.

실망한 부인은 다시 한 번 시도를 했다.

"자세히 봐, 어디 달라진 데 없어?"

하지만 돌아오는 답은 여전했다.

"잘 모르겠는데? 아, 배고프다. 얼른 밥이나 먹자."

끝내 아내는 남편으로부터 자신의 변신을 확인받지 못했다.

얼마나 관심이 없어졌으면 아내가 파마를 한 줄도 모를까? 집중하지 않으니 알 수가 없는 것이다. 집중하지 않게 된 가장 큰 이유는 관심이 줄어들었기 때문이다. 사회생활로 아무리 바쁘고 마음 쓸 다른 일이 있다 해도, 관심이 있고 잘 보이고 싶다면 어떻게든 집중하게 되어 있다. 연애 시절엔 시간이 남아돌아 관심을 준 것은 아니지 않은가. 우리 모두는 솔직히 경험이 있다. 연애 시절에는 전혀 상관없는 상황과 시간대에도 사랑하는 사람이 생각났고 그 사람에 집중했다.

집중해야 변화도 보이고 그 변화의 행간도 읽어낼 수가 있다. 아내가 왜 파마를 했는지, 여자 친구가 왜 갑자기 애교를 부리는지 그 속마음을 알아야 한다.

변화를 알아차리는 것보다 더 중요한 것은 왜 변화가 일어났는지, 즉 변화의 이유와 의미를 알아내는 것이다.

사는 일도 마찬가지다. 주변에서 일어나는 일들, 세상에서 일어나는 일들의 변화를 알아차리지 못하고 그것이 의미하는 바를 모르면 성공적인 삶을 꾸려나갈 수 없다.

굳이 가화만사성이라는 사자성어까지 끌어오지 않더라도 아내의 변화와 그 변화가 의미하는 바도 알아차리지 못하고 읽어내지 못하는 남자가 세상의 변화를 읽고 적응할 수 있을까? 하루가 다르게 변화하는 이 시대에 이렇게 변화를 인지하지 못한다면, 과연 잘 살아남을 수 있을까? 가장 소중한 가족의 변화를 알아차리지 못한다는 건 다양한 문제를 도미노처럼 일으킬 수 있는 심각한 문제다.

살아 있는 모든 생명체는 변화를 인지한다. 물고기는 땅의 미세한 변화도 읽어낸다. 개구리도 땅의 진동을 알아차리고 위험을 감지하면 다른 곳으로 이동한다. 새 역시 공기의 변화를 읽을 수 있기 때문에 장거리 여행을 할 수 있는 것이다.

언제부터인지 사람들은 생존에 관련된 중요한 변화에 둔감해져버렸다. 하지만 우리 인간은 원래 변화를 예민하게 인지하는 본능을 갖고 있었다. 그랬기에 살아남았다. 엄청난 시간이 흐른 지금도 마찬가지다. 우리가 사는 세상의 변화를 정확하게 적절한 시기에 알아차리고 그에 대응할 줄 아는 능력을 가진 사람들은 세상의 조류에 맞추어 성공적인 삶을 살고 있다.

말초적이고 자극적인 변화에만 시선을 팔고 있으면서 세태 탓만 하고 있을 수 없다. 결국 살아남아야 하는 존재는 우리 자신이다. 당장 육안으로 보이는 사물이나 현상만 좇고, 진정한 변화는 읽어내려 하지 않으며, 그 능력조차 사라지는 걸 무감각하게 방치한다면 삶을 자신의 의지대로 꾸려나가기 어렵다.

아무 생각 없이 보고만 있으면 변화를 인식할 수 없다. 집중해 관찰할 때만 그것의 변화를 읽어낼 수 있다. 그리고 그 변화가 어떤 의미를 담고 있는지를 알아야 대처할 수 있다.

일본은 물론 전 세계적으로 경영의 멘토로 인정받고 있는 마쓰시타전기의 창업자 마쓰시타 고노스케. 그의 경영 이야기는 내게 많은 감동과 생각할 거리를 준다. 실제 창업일이 아니라 기업의 사명을 깨달은 날을 바로 창립기념일로 정한 것도, 사명 달성 기간을 250년으로 정한 것도 의미 있게 다가왔다. 그의 경영은 통찰에 의한 변화 감지와 미래를 읽는 힘에서 비롯되었다. 1960년에 앞으로 5년 뒤 주 5일 근무제를 도입하겠다는 경영 방침을 밝혔을 때 모두 시기상조라고 생각했다. 하지만 그는 다가올 미래는 자국 내 경쟁이 아니라 국가 간 경쟁이 이뤄질 것이라 예측했다. 그는 "세계무대에서 경쟁에 승리하려면 직원 모두가 능률을 두세 배로 올려, 서양의 일류 기업에 조금도 뒤지지 않아야 합니다. 그러자면 미국처럼 5일 동안 일하고 이틀은 쉬어야 합니다. 마쓰시타전기가 5년 후 그런 모습이 되도록 하겠습니다."라고 밝히고 계획대로 1965년 4월부터 주 5일 근무제를 실시했다. 그의 예측대로 직원들의 능률은 눈에 띄게 향상되었고, 마쓰시타전기는 세계 경쟁에서 우뚝 설 수 있었다.

그가 최고의 기업인으로서 자리매김할 수 있었던 이유 중 하나가 바로 관찰을 통해 변화를 읽어냈기 때문이다. 통찰력이다. 그렇게 관찰하며 주시했기에, 변화를 감지하고 미래를 예측할 수 있었다.

또 한 가지 내가 마쓰시타 고노스케를 높이 사는 이유 중 하나는 바로 자신이 경험하고 느낀 것들과 가진 것들을 후배들에게 나눠주었다는 점이다.

그는 1979년 일본의 차세대 리더 양성을 위해 사재 70억 엔을 들여 재단법인 마쓰시타 정경숙을 설립했다.

"일본은 경제와 기술 분야의 세계적 파워로 떠올랐지만, 인류 번영과 세계 공동체 발전에 기여하지 못했습니다. 일본의 물질적 번영 뒤에는 사회, 문화적 가치와 도덕성 측면의 많은 혼란이 있습니다. 경제력에 부합하는 사회적 영향력이나 정치적 지도력이 결여되어 문제가 더욱 심각해질 수 있습니다. 이 때문에 나는 마쓰시타 정경숙 설립을 결정했습니다. 재능 있는 청년들에게 좀 더 나은 미래는 물론, 일본과 세계의 좀 더 나은 미래를 실현시킬 수 있는 기회를 주고 싶습니다."

어린 시절 가난해서 초등학교를 나오지 못하고 대신 돈을 벌어야 했던 소년, 몸이 약해 자전거 타이어 수리 일도 할 수 없었던 그가 일본 최고의 부자가 되고 학교까지 설립한 것이다. 지식을 가진 인재를 키우는 것이 아니라 세상을 볼 줄 아는 인재를 키울 수 있는 학교를 만들어 이 나라의 지도자를 만들어야겠다고 결심한 마쓰시타처럼 나 역시 그러한 마음으로 작은 걸음을 내딛고 있는 중이다. 정경숙에서 지향하는 인재는 '감'이 있는 인재였다. 단순히 지식 속에만 미래를 읽고 만들어갈 수 있는 길이 들어 있지 않음을 기업가로서 최고의 성공을 이룬 그는 깨달은 것이고 그 깨달음을 나눠주고자 한 것이다.

그는 회고록에서 이렇게 말하고 있다.

"어렸을 때 공부를 못했기 때문에 모든 사람 앞에서 배우는 자세로 임했다. 모든 이들을 내 스승으로 삼고 배우려고 평생을 노력하다 보니 나는 박식한 지식을 갖게 되었다. 또 너무 가난해 돈을 벌려고 노력하다 보니 돈을 많이 벌게 되었고, 너무 병약해 병약한 것을 극복하려고 평생 건강을 조심하다 보니 장수하게 되었다."

나는 이 부분을 읽으며 진화의학적 관점을 떠올릴 수밖에 없었다. 마쓰시타의 삶은 '자신이 가지고 있는 단점이 결코 단점이 될 수 없다.'는 점과 '세상을 볼 수 있는 통찰력이 필요하다.'는 진화의학의 교훈을 알려준다.

이렇듯 자신의 가치를 스스로 깨닫고 그 위에 세상을 읽는 통찰력을 지닌다면 우리는 꿈을 이룰 수 있다. 눈치 없는 사람하고는 연애하지 말라는 말도 있다. 눈치 없는 사람은 연애도 잘 못할 뿐더러, 세상에서도 성공하기 어려울 것이다.

집중력을 높이는 방법

진화의학을 접하게 되면서 갖게 된 관점, 즉 자연으로부터 배우는 생존과 성공의 비밀을 공유하고자 노력하면서 나는 진화의학적으로 사고하고 행동하면 성공할 수 있다는 것을 증명해

보이고 싶었다. 다시 말하자면, 진화의학을 통해 우리는 이미 위대한 존재임을 깨달았고, 스스로를 부족하게 여기게끔 조장하는 사회적 인식에 휘둘리지 말고 자신의 능력이 최대로 발휘될 분야, 즉 자신이 좋아하는 일을 찾아서 집중하자는 가치관을 갖게 되었으며, 그것을 실제 삶에서 증명해보이고 싶었던 것이다.

집중하면 세상이 돌아가는 원리를 보게 되고 자신의 길을 볼 수 있게 된다. 나는 긴 시간 동안 눈 뜬 장님으로 살면서 헛된 노력을 되풀이했다는 사실을 깨닫고는 새롭게 살기 시작했다. 그 과정에서 전혀 경험이 없었지만 꼭 연애하고 싶었던 분야인 외식업을 시작하겠다고 결심하고 집중이라는 방법을 통해 원하는 결과를 이끌어냈다.

나는 비만도 질병이며, 모든 질병은 입에서 비롯된다는 철학을 바탕으로 약으로 질병을 치료하는 개념에서 아이디어를 얻어 음식으로 사람들의 건강에 기여하고자 '음식 치료 의학Food Medicine'을 고안했다. 그런 철학으로 시작된 닥터로빈은 과도한 칼로리 섭취, 무분별한 식사, 인공·화학 첨가물 등으로 비만 인구, 성인병 인구가 급증하는 시대에 진정한 건강과 아름다움은 올바른 식사에서 시작된다는 기업 이념을 분명히 했다. 그래서 일반적인 조리와는 다르게 설탕, 버터, 조미료 등 몸에 나쁘지만 맛을 위해 넣는 첨가물을 빼고도 충분히 좋은 맛을 낼 수 있다는 이너프 철학을 담은 음식을 내놓고 있다.

요리의 '요'자도 몰랐던 내가 외식업을 하기로 결정하고 난 후 몇 년 동안은 그야말로 창업에 미쳐 있었다. 나 스스로도 놀

라웠다. 어떻게 하면 이 일을 정상궤도에 올릴 것인가라는 문제를 24시간 동안 물고 늘어졌다. 억지로 그랬던 것이 아니라 저절로 그리 되었다. 원래 머리는 좋지 않았지만 집중력은 강한 편이었다. '엉덩이의 힘'을 믿었고, 그 믿음에 대해 보상 받은 경험이 쌓이면서 집중력도 커졌을 것이라 생각한다.

음식 맛, 서비스, 환경 등 모든 부분에서 만족스러운 레스토랑으로 만들겠다는 계획을 실천하기 위해 인테리어부터 홍보 책자 제작 등에까지 각 분야의 전문가에게 작업을 의뢰했고 내부 인력도 경력과 실력을 자랑하는 수준급의 전문가들을 채용했다. 그러는 한편, 나 스스로도 인테리어를 어떻게 하고 메뉴 구성을 어떻게 할 것인가에 대해 잠시도 쉬지 않고 고민했다.

주방장으로 스카우트한 사람은 20년 경력을 가진 전문가였는데 그가 내놓는 레시피가 내 마음에 차지는 않았다. 하지만 나는 요리를 비롯한 외식업에 문외한이고 그는 전문가이니 처음에는 그의 결정을 따랐다. 하지만 6, 7개월이 지나도 매출이 오르지 않았고 오히려 적자가 상승곡선을 그려나갔다. 모종의 결단을 내려야 했다. 새로운 레시피가 필요했고, 하다못해 주방의 동선부터 서빙 등 고객 접대 매뉴얼까지 수정해야 했다. 그 과정에서 주방장과의 갈등이 계속 생겼다. 나는 그와 함께 갈 수 없다는 판단을 내렸다.

"내가 볼 때 당신은 외식업체의 경력자이지 전문가가 아니다. 전문가란 어떤 상황에서도 자신의 분야에서 최고의 결과를 내야 한다. 당신이 외과 수술을 나만큼 할 수 있겠는가? 당연히 할 수 없다. 마찬가지로 당신이 요리 부문에서 나보다 만 배는 낫다고 생각했기 때문에 스카우트했다. 손님들이 좋아하고 찾는 요리, 닥터로빈의 철학에 걸맞은 건강하면서도 맛있는 요리를 만들어낼 수 있는 전문가로 당신을 생각했기 때문이다. 하지만 결과를 놓고 보니 당신은 경력자일 뿐이다. 내게 필요한 것은 전문가다."

그렇게 나는 주방장 없이, 레스토랑의 철학을 이해하고 동감하는 주방의 다른 멤버와 일을 다시 시작했다. 비록 경력은 없었지만 우리 멤버들이 더 성공적인 결과를 이끌어낼 수 있었던 이유는 바로 집중의 차이 때문이었다. 하루 종일 집중하고도 모자라 꿈속에서까지 레시피를 비롯한 모든 부분에 대해 끝없이 생각한다면 초보자여도 경력자보다 나은 결과를 가져올 것이라고 믿었다. 아무리 경력자라 하더라도 그저 잠깐잠깐 집중한 사람이 온종일 모든 에너지를 집중하는 사람보다 더 나은 결과를 만들어낼 수는 없는 것이다.

우리 팀은 레시피뿐만 아니라 주방과 홀의 동선을 새로 짰고, 2부 교대로 이뤄질 직원들의 업무 시간까지 각 파트별로 다시 구상했다. 외식 사업에 전혀 경험이 없던 사람이 상황별 시뮬레이션을 계속 반복해가며 가장 효율적인 방법을 찾았다. 무경험자였던 우리 멤버들이 할 수 있는 방법은 집중을 통한 새로운 길을 찾아내는 것뿐이었다. 머리로만 잠깐 생각하는 것이 아니라 온종일 몸과 마음을 다 바쳐 집중했기에 가능했다.

젊은 친구들이 꿈을 가지는 것은 당연하면서도 의미 있고 아름다운 일이다. 그런데 자신의 꿈을 꾸면서 그에 걸맞은 노력은 하지 않는 걸 보면 안타깝다. 그 노력은 집중에서 시작해서 집중으로 끝이 난다고 나는 생각한다.

한 분야에서 단순히 오랫동안 있었다고 전문가가 되는 것이 아니다. 경력만으로 성공할 수는 없다. 그 분야에 있어서만큼은 질적으로 수준 높은 실력을 갖춘 전문가가 되어야 한다. 그리고 전문가는 집중을 통해서만 도달할 수 있는 경지다.

집중이 모든 것의 끝이다. 미련하다고 알려진 곰도 생존을 위해서는 신경쇠약에 걸릴 정도로 집중한다. 동물은 물론이고 식물도 생존을 위해 집중함으로써, 느껴지는 온도가 10도일 때 가을의 10도인지 봄의 10도인지를 알아낸다. 가을의 10도면 잎을 떨어뜨리고 봄의 10도면 꽃을 준비하는 것이다. 집중은 자연이 건네주는 최고의 선물이다. 우리 사회를 봐도 성공한 사람들의 대부분은 뛰어난 집중력을 가지고 있다.

'집중이 중요한 열쇠라는 것을 설마 모를까, 집중을 할 수 없으니 문제지.'라고 반문하는 사람이 많을 것이다. 맞다. 집중을 못하는 사람이 의외로 굉장히 많다. 집중을 강화하는 데도 방법이 있다. 의외로 단순하다. 그 단순한 방법을 실천하지 못해서 집중의 성과를 얻지 못하는 것이다.

예를 들어 선반 개발에서 최고로 인정받는 전문가가 되고 싶다고 하자. 어떻게 해야 할까? 나는 이렇게 대답한다. 선반 만드는 방법을 2,000가지 생각해보라고. 2,000가지의 선반을 생각하려고 한다면 24시간 선반 생각만 하지 않으면 불가능하다. 눈에 보이는 모든 컵, 쿠션, 빈 플라스틱 용기, 심지어 옷걸이, 종이 상자, 비닐 등을 선반으로 만들 방법을 생각해야 한다. '이것을 구부려서 거꾸로 달면 어떨까?' 등등 2,000가지 선반을 만들기 위해 24시간 궁리하다 보면 복도의 타일까지도 선반으로 만들 수 있는 대상이 된다. 이러한 것이 바로 집중이다.

우리 멤버들은 2,000가지 레시피를 만들겠다고 덤벼들었다. 비록 2,000가지가 나오진 않았지만 고객들의 입맛과 발길을 붙드는 레시피들을 개발해냈다. 그리고 우리 레스토랑에서는 한 달에 한 번 모든 직원들이 레시피를 제안할 수 있는 콘테스트를 가진다. 어느 분야에서 일하든 상관없다. 콘테스트에서 수상하게 되면 그 레시피로 만든 요리가 메뉴에 포함되고 상금을 비롯해 그 요리가 팔릴 때마다 일정 비율의 수익도 받는다.

이러한 제도를 실시하는 이유는 바로 직원들에게 집중하는 힘을 길러주기 위해서다. 이제 직원들은 자신의 일에 재미와 긍지를 느끼고 더 크게는 자신의 인생을 만들어가는 방법을 체득하고 있다.

많은 사람들이 집중하는 습관을 들이지 못한 데는 우리나라 교육에도 일부분 그 책임이 있다고 생각한다. 교육 과정과 체계가 바뀌어야 하는 것이다. 단순한 지식 전달과 암기가 아닌, 다양한 경험을 함으로써 집중하는 힘을 기르고 그런 과정을 통해 감을 키우는 교육이 이뤄져야 한다. 그러기 위해 예술, 문학 등의 교육이 더 강화되어야 한다. 초등학교 때부터 시험 점수에 연연하고 고등 교육 과정에서는 스펙 쌓기에 전념하는 풍토가 아

니어야 총체적인 시각을 지닌 인재로 성장할 것이고 그래야 집
중력도 강화될 것이다.

집중하면 다 보인다. 집중하지 않으면서 그 분야에서 성공
하기를 원하는 것은 씨를 뿌리지 않고 수확하기를 바라는 것과
같다. 누구나 가지고 있는 자연의 선물, 집중력을 계발하면 되는
데 하지 않으니까 불안하고 막막한 것이다.

길을 찾는 방법, 그것은 집중이다.

KEY
2

눈치 9단이
되어라

약삭빠른 사람이
살아남는다

세상의 길은 절대로 책 속에 있지 않다. 세상의 길은 자연 속에 존재한다. 기업가든 예술가든, 그 분야가 무엇이든 간에 크게 성공하는 사람들의 공통점은 '감'이 뛰어나다는 점이다. 촉이 발달한 것이다. 그런데 많은 사람들이 직감, 통찰력 등으로 상황에 따라 달리 부르는 감을 타고나야 되는 능력이라 생각한다. 그래서 대부분은 타고난 감이 부족하다고 말한다. 하지만 사실이 아니다. 우리 모두는 이미 충분한 감을 가지고 있다. 다만 현실에서 활용하지 않아 그 본성이 무뎌졌을 뿐이다. 감춰진 것과 아예 없는 것은 다르다.

처음 레스토랑을 시작할 때부터 함께해온 어린 친구가 있다. 처음에는 손님이 오면 내 뒤로 가서 숨을 만큼 소심했다. 그때 대학을 막 졸업할 무렵이었으니 어린 나이긴 했다. 하지만 이제 레스토랑의 살림살이를 척척 야무지게 해내는 핵심 멤버가 되었다.

'꼬리 아홉 개', 내가 지어준 별명이다. 변화를 읽어내는 감을 키우도록 했는데 이 친구가 가장 큰 성장을 했다. 이제 눈치가 얼마나 빠른지 "아!" 하기 전에 내가 원하는 것을 알아차리고 회사 곳곳을 살피며 적절한 조치를 취한다. 외부와의 업무 연계 과정에서도 미리미리 상대측의 반응을 알아차리고 대비한다. 직원들에 대한 파악도 뛰어나다.

"일이 할수록 보람 있어요. 더 좋은 게 살 찔 시간이 없다는
거죠."

그렇다. 자연이 주는 또 다른 선물은 '감'이다. 눈치만 있어
도 생존할 수 있다. 당신이 집중할 수 없고 산만하다고 걱정하지
말라. 또 다른 무기인 '눈치'라도 있으면 된다. 물론 감이 선천적
으로 뛰어난 사람도 있다. 그런 사람의 경우 집중에 큰 힘을 싣
지 않아도 세상 돌아가는 것을 본다. 그래서 무엇을 해야 돈을
벌고, 어떤 길을 택해야 자신이 원하는 바를 이룰 수 있는지 알
고 성공에 이른다. 직원들 중 눈치가 빠른, 이른바 약삭빠른 친
구들이 있는데, 그런 직원들이 확실히 일을 잘한다. 처음 접하는
일이라 할지라도 적응 기간이 평균보다 빠르고 그 이후로는 창
의적인 능력까지 발휘한다. 그런 친구들은 어떤 분야에서든 성
공할 확률이 높다.

그렇다면 선천적으로 감이 떨어지는 사람들은 아무 방법이
없을까? 방법이 있다. 어렸을 때부터 감성 훈련을 비롯한 감을
키우는 교육을 해야 하는 이유다. 그래서 나는 직원을 채용할 때
집중도가 높거나, 그게 아니면 눈치라도 빠른 사람을 선택한다.

미국 로스앤젤레스에 있는 매장을 책임지고 있는 매니저도
마찬가지로 뛰어난 센스를 가진 사람이다. 진화의학에 관한 내
용으로 2012년에 미국 로스앤젤레스에서 강연을 한 적이 있었
다. 그 당시 미국은 비만 아동을 위해 비만과의 전쟁을 선포했고
그 열기가 달아오를 때였다. 한 달 동안 비만 아동 예방의 달이
었는데 그 일정에 5,000명이 참가하는 마라톤 대회도 포함되어

있었다. 그래서 우리도 마라톤에 참가하고 내가 강의도 하게 된
것이었다.

강연에 대한 사람들의 반응은 뜨거웠다. 진화의학을 접한
거의 모든 사람들의 반응이 그랬다. 강연 이후 과히 폭발적이라
할 만한 반응이 있었다. 미국 방송국은 물론, 중국, 일본 방송에
서도 인터뷰 요청이 들어오는 바람에 갑자기 바빠졌다. 그 무렵
에 로스앤젤레스 지점의 매니저를 뽑았는데, 이유는 그녀의 대
단한 센스 때문이었다. 그녀는 입사 직후 눈치가 무척 빨라서 단
기간 내에 업무를 파악했다.

한번은 미국 내 일본 방송국에서 인터뷰를 하러 왔는데, 음
식을 먹는 장면을 찍으며 설명하는 부분이 있었다. 그런데 테이
블에 포크가 하나 부족했다. 카메라는 돌고 있고 어쩌나 싶었는
데, 그때 이 매니저가 포크를 들고 잽싸게 뛰어왔다. 우리 테이
블이 있던 곳과 매니저가 서 있던 곳까지의 거리는 거의 20미터
는 됨직한 거리였다. 그런데 내 동작만 보고도 포크가 없는 것을
알아차리고 재빨리 가지고 온 것이다.

그 정도 눈치라면 어디서 무엇을 하든 성공할 수 있을 것이
다. 모든 것을 이 매니저에게 일임하고서 한국으로 철수했고, 그
녀는 나의 기대에 부응해 매장을 아주 잘 꾸려나가고 있다.

회사를 경영하는 입장에서는 자신의 꿈에 집중할 수 있는
사람과 눈치가 빠른 사람을 채용하기 마련이다. 그런데 그런 사
람을 알아보는 일이 말처럼 쉬운 것은 아니다. 감으로 알아볼
수밖에 없다. 나 역시 감각으로 그런 사람을 뽑지만 실패하는

경우도 있다. 면접 때 대화를 통해 '촉'이 발달했을 것이라는 판단을 했지만 실제 업무를 해보면 아닌 경우도 있는 것이다. 그럴 때면 나 역시 아직 훨씬 더 노력해서 감을 길러야 한다고 느끼곤 한다.

사실 나는 집중력은 강했지만 감은 거의 없던 편이었다. 감은 없었지만 집중력으로 극복을 한 셈이다. 시간이 지날수록 감도 발달되기 시작해 이제는 직원들의 표정이나 몸짓만 봐도 무슨 말을 하려는지 알 수 있고, 음식을 먹는 고객들의 모습, 매장을 나설 때의 얼굴 표정에서 어떤 기분으로 우리 매장을 다녀가는지 느낄 수 있었다. 그래서 개선해야 할 부분이 어떤 점인지도 정확히 짚어낼 수 있을 정도로 '여우'가 되었다.

감을 키우기 위한 방법 중 하나는 대중문화를 많이 접하는 것이다. 영화도 많이 보고 소설도 많이 읽고 드라마도 보고 사람들이 좋아하는 먹을거리, 패션 등 유행을 살피고 실제 따라 해보기도 하는 것이다. 그런 것들을 관찰하고 살피고 직접 경험하다 보면 변화에 대한 감이 발달되기 마련이다. 유행에 민감한 것은 비난할 것이 아니다. 유행에 따라 잘 노는 것은 감성을 훈련하는 방법 중 하나다.

상상을 멈추고
시력을 회복하라

인류의 조상은 석기시대에 알타미라 벽화 같은 많은 유적을 남겼다. 벽화 속 그림은 아주 정교하고 뛰어나다. 우리의 조상들은 생존하기도 어려웠던 시대에 왜 그런 정교한 그림을 그렸을까?

그에 대해 많은 인류학자들이 다양한 이론들을 발표하고 있는데, 그중 가장 많은 지지를 받고 있는 가설은 '노동 유휴설'이다. 노동을 한 후 여유 시간을 즐기기 위해서 그림을 그렸다는 것이다. 그런데 이 설명은 선뜻 납득이 가지 않는다. '생존 자체가 쉽지 않았던 척박한 환경에서 과연 여유 시간을 보내기 위해서 그림을 그렸을까?' 하는 의문이 든다. 또 다른 가설은 사냥 연습을 위한 그림이라는 것이다. 실물과 같은 크기와 생김새의 동물 그림을 그려놓고 돌도끼를 내리치면서 사냥하는 연습을 하기 위해서라는 설명이다. 또 다른 가설도 있다. 그런저런 의미 없이 순수하게 마음을 표현하고 정신을 맑게 하는 예술적 효과를 위해서라는 것이다.

진화적인 입장에서 이 문제를 들여다보면 '생존과 번식'이라는 이유가 나온다. 설명을 하기 전에 재미있는 실험을 소개하겠다.

집단 A, 집단 B, 집단 C를 각각 10명씩 먼저 선정한다. 그리고 각 집단에서 대표 한 사람씩 뽑아서 그 사람에게만 아프리카

사자 사진을 보여주고 각자 나머지 9명에게 설명하라고 한다. 이때 사용할 수 있는 단어의 수를 제한해 원시시대와 비슷한 수준으로 설명의 기능을 제한했다.

A, B, C의 대표는 자신들이 본 그림을 각각 9명의 동료들에게 자신만의 표현법으로 설명했다. 그런데 세 명의 설명은 각기 다 달랐다. A 대표는 사자를 털이 길고 몸집도 크고 이빨이 크다고 설명한다. B 대표는 머리도 크고 눈도 크고 아주 무섭고 코도 크다고 설명한다. C 대표는 털이 무지무지 많고 크게 소리를 내고 눈이 크고 무섭다고 설명한다.

설명이 끝난 다음, 각 집단의 나머지 9명의 사람들에게 각각의 대표에게서 들은 설명을 기억하며 사자를 그리라고 했고 모두들 그림을 그렸다.

이 실험에서 우리는 두 가지 사실을 알게 된다. 우선 첫 번째로 알 수 있는 것은 똑같은 사물을 보고도 A, B, C 모두 각기 다르게 설명했다는 것, 즉 사람마다 알고 있는 것을 표현하는 방법이 다르다는 사실이다. 이렇게 같은 사물을 다르게 표현하기 때문에 사실을 전달할 때 중대한 오류를 일으킬 수 있다.

두 번째로 알 수 있는 사실은 더 심각한 문제다. 직접 그림을 보지 않고 설명만 들은 나머지 사람들은 그림을 그릴 때 전달받은 사실 외에 자신의 상상을 추가해 그리게 된다. 애써서 그렇게 하는 것이 아니라 저절로 그렇게 된다.

세 집단의 그림을 조사해보면, A에게 설명을 들었던 같은 집단의 나머지 아홉 사람들의 그림은 각기 다 달랐다. B 집단도,

C 집단도 역시 마찬가지였다. 동일한 사람에게 설명을 듣고 그렸는데도 그리는 사람에 따라 그림이 달랐던 것이다. 그러니 A에게 설명을 들었던 사람과 C에게 설명을 들었던 사람의 그림은 완전히 다른 그림으로 재현되었다.

이 실험은 사물을 설명할 때 사람에 따라 다르게 전달되고, 또 그 설명을 듣는 사람들도 상상을 추가하면서 사실과는 점점 다른 결과를 가져온다는 것을 나타낸다. 처음과 마지막의 의미가 완전히 다르게 나타나는 '이중맹 현상Double Blind Phenomenon'이 나타난다고 할 수 있겠다.

'이야기의 전달'은 생존에 매우 중요하다. 이것에 대해 좀 더 얘기해보자.

'여자 셋이 모이면 접시가 깨진다.'는 말은 여성들의 수다에 관한 것이다. 이러한 여성들의 수다는 전 세계적으로 공통된 일인 것 같다. 어느 나라 어떤 문화권에서 태어났더라도 여성들끼리의 수다는 끊이는 법이 없다고 한다. 반면에 남성들은 일부를 제외하고는 거의 모든 나라에서 말수가 적은 것이 미덕으로 여겨졌다.

그런데 여자는 말이 많고 남자는 말이 적은 것도 근원을 살펴보면 생존에서 비롯된 것이다. 남자는 사냥을 책임졌는데 사냥을 할 때는 의사소통보다는 정보 유지가 더 중요하다. 먹잇감을 경쟁자 없이 차지하는 것이 유리하기 때문이다. 잘못해서 정보가 새어나가 다른 경쟁자가 생기면 심각해진다. 남자들에게 사냥에서의 경쟁은 매우 위험한 일이다. 단순히 먹잇감을 빼앗기는 일에서 그치지 않는다. 자신이 죽을 수도 있는 문제다. 그래서 비밀 유지는 사냥에서 필수적인 것이고, 과묵하게 비밀을 지키는 쪽이 생존에 유리했기 때문에 이러한 유전자가 남성들에게 계속 유지되어온 것이다.

그래서 남자들은 대개 서로 상의를 하지 않는다. 다른 사람보다 먹잇감을 먼저 잡기 위해서 정보를 누설하지 않는 것이다. 힘들더라도 혼자 사냥하는 것이 더 좋은 결과를 낳기 때문이다.

반면에 수집을 주로 해왔던 여성들은 정보를 교환하는 것이 수집에 유리하다. 어디에 좋은 열매가 있고 어디에 위험이 도사리고 있는지에 대해 서로 정보를 교환하고 협동을 하는 것이 더 많은 식량을 수확할 수 있는 방법이다. 특히 위험에 대한 정보의 교환이 없으면 서로가 더 위험해질 수 있기 때문에 꼭 필요하다. 남성의 경우엔 정보 교환이 오히려 위험을 초래할 수 있고, 여성의 경우엔 정보 교환이 위험을 줄일 수 있는 것이다.

여기에 이보다 더 중요한 이유가 있다. 아기를 키우는 여성에게 정보 교환은 절대적이다. 아이를 키워본 엄마들은 한 번쯤 경험해봤을 것이다. 아이가 이유 없이 울 때 초보 엄마는 어떻게 해야 하는지 무척 당황한다. 왜 우는지를 모르기 때문이다. 배가 고프다는 뜻인지, 대변을 봐서 불편하다고 우는 것인지, 어디가 아프다는 것인지, 아프면 도대체 어디가 아프다는 것인지, 초보 엄마들은 그 뜻을 알기 어렵다. 인간만이 아니다. 모든 생명체의 경우가 대부분 그렇다. 그래서 인간을 비롯한 모든 동물의 암컷들은 새끼를 성공적으로 키우기 위해 수컷과 다르게 자신들만의 방법으로 노하우를 축척해나간다.

가장 먼저 경험을 해본 사람에게 물어보는 수밖에 없다. 아기가 이러이러한 현상을 보일 때 어떻게 해야 하는지 물어보는 것이 가장 쉽고 확실한 방법이다. 그래서 이러한 경험들이 계속해서 대를 이어 전달됐고, 그래서 생존이 가능했다. 이것을 '이야기의 전달'이라고 한다. 이야기, 즉 정보가 전달되지 않으면 실제로 아기를 키우기가 어렵다. 그래서 여성에게는 끊임없이 이야기하고, 정보를 전달하고, 서로 공유하는 유전자가 살아남아 있는 것이다.

여성들에게 커뮤니케이션은 삶의 기본이다. 이야기의 전달이 본성인 여성에게 말을 적게 하라고 요구하는 것은 실천이 불가능한 일을 요구하는 것이다. 그러니 아무리 "비밀로 해줘."라고 말해도 일단 여성들에게 전달되었다면 곧 모두가 알게 되는 것은 시간문제라고 생각해야 한다. 비밀은 여성에게는 미덕이 아니다. 비밀은 사냥에 필요한 남성의 몫이기 때문이다.

이러한 특성은 이제 왜 세상이 여성의 시대가 되어가고 있는지 알게 해주는 중요한 키워드기도 하다. 먹잇감을 목표로 삼아 쟁취해야 하는 과거에는 사냥하는 남성의 유전자가 유리했다. 그러나 소통이 중심이 되는 현대는 이야기 전달을 잘하는 여성의 유전자가 훨씬 유리하다. 사냥이 필요 없고 먹이를 구하는 방법이 소통에 의해서 이루어지는 현대 사회는 남성들의 역할이 점점 약해지고, 여성들이 훨씬 더 능력을 발휘하게 된다. 앞으로는 여성이 사회적으로 더 성공할 수 있는 시대, 즉 여성의 시대가 열릴 것으로 예상할 수 있는 근거다.

이렇듯 과거에서부터 이야기의 전달은 생존에 밀접한 연관이 있었기 때문에 사실 전달을 위해 부단히 노력했을 것이다. 예를 들어, 사바나에서 만났던 코뿔소의 위험성을 부족원들에게 전달해야 되는데 전달의 과정에서 큰 오류가 생기면 문제가 심각해진다. 코뿔소를 전하는 과정에서 실물보다 작게 상징적으로 묘사하면 이야기를 들은 사람은 '조그마한 뿔이 달린 동물이구나, 그렇게 무서워 보이지 않는데, 잡을 수 있겠구나.' 생각하고 대비를 소홀히 하게 될 수도 있는 것이다.

학자들에 따르면, 석기시대 초반에는 작은 상징적인 그림들을 그렸고, 후기로 오면서 실물에 가깝게 큰 그림을 그렸다고 한다. 나는 이 설이 근거가 있어 보인다. 실물보다 작게 그리는 그림이 이야기 전달의 많은 오류를 낳았기 때문이다. 작은 동물이라고 생각하고 사냥을 나갔다가 실제로는 엄청 큰 놈을 맞닥뜨리면 문제가 심각해지는 것이다. 그러니까 점점 그림들이 정교해지고 실물에 가까워졌다는 가설이 요즘 들어 큰 힘을 얻고 있다.

이야기의 전달이 우리 생존에 필수적이었기 때문에 언어든지 그림이든지 몸짓이든지 간에 가능한 방법을 동원해 사실을 전달하고자 노력했고, 이러한 유전자들은 지금도 우리들의 사회생활에 여전히 영향을 끼치고 있다.

이것이 바로 우리가 언제나 '사실'을 알고 싶어 하는 이유다. 우리에겐 사실을 알고 싶어 하는 본능이 있는 것이다. "용서

할 테니 사실을 말하라.”라는 말 속엔 벌을 주고 대가를 치르게 하고 싶은 것보다 사실을 알고 싶어 하는 욕구가 숨어 있다.

언론의 정보가 사실이냐, 아니냐는 문제에 우리가 예민하게 반응하는 이유도 ‘사실 전달’을 중요시하는 유전자를 갖고 있기 때문이다. 현대를 사는 우리로선 ‘사실’ 여부가 바로 생존과 직결되는 문제가 아니지만 결국 우리의 행복 실현에 큰 영향을 미치게 되어 있으므로 우리는 사실을 갈구하는 것이다.

사람들은 가능하다면 오류를 피하고 싶어 한다. 남의 말을 잘 믿지 못하고 의심하는 것도 ‘사실 확인’을 원하는 유전자의 반응이자 사실을 확인하고 싶은 우리의 본성이다. 오류를 피할 수 있는 방법은 실체를 직접 확인하는 것이다. 앞의 이야기에서 보면 사자를 직접 보는 방법이다. 직접 보면 바로 알 수 있다. 하지만 보려고도 하지 않고 또한 현실상 전부 직접 볼 수 있는 것도 아니니까 사실 확인이 쉽지 않다. 그 때문에 더 그럴싸하고, 좀 더 선동을 잘하는 쪽을 믿게 된다. 정치적 성향을 예로 들면 진보든 보수든 간에 그럴 듯해 보이고, 자신의 논리나 자기가 생각했던 것과 맞는 쪽을 지지하게 되는 것이다.

이처럼 사실을 알고 싶어 하는 본능은 원시시대에만 있었던 것이 아니다. 21세기에도 일어나고 있는 일들이다. 원시시대 사람들이 코뿔소를 그릴 때 자신이 직접 본 것에 자신의 상상을 더했듯이 21세기의 우리도 어떤 경로와 어떤 방법으로든 자신이 경험한 것에 나름대로의 상상을 추가해서 세상에 대해 짐작하고 생각하고 표현하고 주장하는 것이다. 그러면서 같거나 비슷

한 상상을 하는 사람들끼리 모여 집단을 형성하고 함께 무언가
를 이뤄나가는 것이다.

　그런데 그 과정이 점점 복잡해지고 교묘한 눈속임이 더 많
아지면서 우리는 상상으로 인해 오히려 제대로 보고 듣고 경험
하고 느끼고 판단하지 못하는 처지에 이른 듯한 느낌이다. 그래
서 점점 진실이 귀한 시절이 되었고 사람 사이에 그리고 사회적
으로 불신이 난무하고 있다. 결국 우리의 불안지수는 높아진다.
자신이 겪고 있는 것, 그것이 어떤 종류이든, 실물이든 관념이든
그 정체를 알 수 없기 때문이다.

　따라서 지금 우리에게 필요한 것은 상상을 멈추고 본질적인
시력을 회복하는 것이다. 원래 우리가 가지고 있던, 생존하기 위
해 정확히 세상의 변화를 보던 그 시력을 말이다. 우리가 회복해
야 할 것은 세상을 제대로 볼 수 있는 시력이다. 그것만 있으면
된다. 우리의 모든 감각을 동원해 세상을 제대로 볼 수 있는 시
력이 필요하다. 우리는 이제 오감 능력을 회복해야 하는 것이다.

　우리가 이 세상의 모든 현상들과 존재들을 직접 볼 수 있는
것은 아니다. 현실적으로 불가능한 일이다. 그렇다면 판단의 오
류로부터 자유로울 수 없다는 말인가? 우리는 자신에게 필요한
정보와 길을 오로지 행운에 기대야 하는 걸까? 아니다. 직접 보
고 확인하지 않더라도 알 수 있는 방법은 있다. 바로 감으로 알
수 있다. 많은 사업가들이 성공의 핵심은 이러한 동물적 감에 있
다고 말한다. 감으로 세상을 읽어 성공의 길을 찾는다는 사실은
이미 충분히 증명되었다.

우리는 잃어버린 감을 다시 회복해야 한다. 감을 발달시키려면 우선 사물이나 대상을 다양한 시각으로 보아야 한다. 이렇게 하려면 자신의 고집을 버리고 다른 측면도 볼 수 있도록 하는 훈련이 필요하다. 자연에서는 자신의 생각만 주장해서는 살아남을 수 없다. 변화무쌍한 자연에서 다른 가능성을 받아들이지 못한다면 우리는 벌써 멸종했을 것이다. 우리가 타인의 생각에 관대해야 하는 이유다.

모든 일을 다양한 측면에서 볼 수 있어야 감이 발달함과 동시에 목표로 한 분야에서 필요한 능력도 발달되어 있을 것이다. 그저 책을 많이 읽고 공부를 많이 한다고 성공할 수 있는 것도 아니고 부를 쌓을 수 있는 것도 아니다. 그것만으로는 꿈을 이룰 수가 없다. 꿈을 이루는 방법은 따로 있다. 세상을 정확하게 읽어내는 감을 통해서다. 소위 말해서 촉을 가진다면 우리는 세상을 볼 수 있고 자신이 나아가야 할 길을 찾게 된다. 이것이 바로 자연이 우리한테 전해준 큰 무기다.

베끼는 것도
잘하면 능력이다

스마트폰의 시대가 되어버린 지금, 세계 시장에서 삼성과 애플은 어깨를 겨루는 경쟁 업체다. 그래서 심심찮게 두 기업 간의 분쟁이 일어난다. 그중 특허 전쟁이 큰 관심사였다. 애플

측은 삼성이 기술의 전체적인 조합을 카피했다고 주장했고, 이에 대한 삼성의 주장은 기술은 비슷해 모방한 듯 보이나 그 기술을 다른 식으로 조합, 해석해냈기 때문에 모방이 아니라는 주장이었다.

미국에서는 애플의 손을 들어줬지만, 여기서 초점을 모아야하는 부분은 애플과 삼성 사이의 진실이 아니라 '모방'이다. 모방은 모든 창조의 첫 걸음이다. 모방이 없다면 창조는 없을 것이다.

감도 떨어지고 집중력도 부족한 사람은 세상의 무대에서 숨죽여 지내야만 할까? 낙오자처럼 지내야 하는 걸까? 아니다. 감도 집중력도 부족하다고 포기할 필요가 없다. '베끼기'라는 방법이 남았다. 계속 감과 집중력을 훈련하는 한편, 베끼기를 사용하면 된다. 성공한 것들을 잘 베끼는 것, 그것도 성공하는 길이다. 베끼는 것이 반복되다 보면 그 과정에서 분명 자신만의 새로운 방법을 발견하게 될 것이기 때문이다.

스페인 바르셀로나에 있는 피카소미술관에서는 피카소가 어린 시절에 그린 스케치부터 청년, 노년 시기에 그린 다양한 작품들을 만날 수 있다. 또한 그곳에는 벨라스케스의 〈시녀들〉이 아니라 피카소가 자신만의 방식으로 다시 그린 〈시녀들〉이 전시되어 있다. 어떤 작품은 벨라스케스의 〈시녀들〉 전체를 다시 그린 것이고, 어떤 작품은 작품 속 일부만 떼어내 그렸는데, 이런 그림들이 전부 58점이나 된다.

피카소가 나이 76세에 그린 그림들이라는데, 세계적인 화가가 그 나이에 남의 그림을 그토록 열심히 다시 그린 이유가 무엇일까? 미술관 웹사이트에 그 답이 있다.

"천재성은 나이 들면서 없어진다. 그래서 다시 시작해야만
했다."

피카소의 설명이다. 피카소가 다시 시작해야 한다는 것은
바로 '모방'이었다. 세계 최고로 꼽히는 피카소의 그림 인생을
보면 누군가의 그림을 따라 그렸던 흔적들을 많이 만난다. 어렸
을 때는 아버지의 그림을 따라 그렸고, 이후에는 앞서간 대가들
의 그림을 숱하게 따라 그렸다. 십대에 이미 콩쿠르를 휩쓸던 신
동으로 인정받았지만 그는 바르셀로나 미술대학을 졸업한 19세
의 나이에 새로운 미술 장르를 만나기 위해 파리로 떠났다. 그리
고 그곳에서 드가, 툴루즈 로트레크, 고흐, 고갱, 세잔 등 뛰어난
화가들을 만나게 되고, 역시 그들의 그림을 꾸준히 따라 그렸다.
그 시절 그들의 작품을 모방한 습작도 바르셀로나 피카소미술관
에 잘 전시되어 있다. 그러니까 바르셀로나 피카소미술관은 큐
비즘을 완성한 천재 화가 피카소가 아닌 공부하는 피카소를 볼
수 있는 곳인 셈이다.

이러한 모방의 시절이 있었기에 피카소의 그림에서는 드가
를 볼 수 있고, 로트레크와 세잔, 그리고 쇠라를 볼 수 있다. 어렸
을 때부터 남의 그림을 모방하는 걸 게을리하지 않았고 전문가
의 길에 들어선 후로도 인상주의 화가들의 작품을 열심히 따라
그렸다. 자신의 세계를 완성해 대가의 대열에 낀 후에도 모방을
자극제로 삼았던 피카소에게서 우리는 다시 한 번 창의성의 씨
앗은 모방이라는 사실을 느낄 수 있다.

기술 면에서 세계를 제패한 일본의 경우도, 모방의 천재라는 별명에서 세계 최고가 될 수 있었던 원천적 힘을 찾아볼 수 있다. 일본의 모방의 역사에서 거론되는 것은 시계다. 일본에서는 에도시대에 이미 시계 제작이 자체적으로 활발했다고 한다. 그리고 유럽 시계가 일본에 들어온 것은 1551년 포르투갈 출신 선교사인 프란시스 사비에르에 의한 것이 최초라고 한다. 이후 일본에선 일상생활의 흐름을 적용해 계절별로 낮과 밤의 길이 차이를 반영한 '와도케이(和時計)'라는 시계를 개발했다. 와도케이는 실력자들의 위세를 과시하는 물품으로 일종의 공예품 같은 것이었기 때문에 자연스럽게 이를 만드는 장인들은 상당한 규모로 늘어났고, 막부 시대 동안에 전문가로서 안정적인 삶을 유지한 것으로 알려지고 있다.

그런데 1872년 메이지 정부가 태양력과 정시법 사용을 공포하고, 미국의 괘종시계가 대량으로 일본으로 수입되면서 이 질서가 흔들리기 시작했다. 전문가로 인정받던 시계공들이 실업자가 되었고, 일이 없어진 그들은 수입한 괘종시계를 분해해보았는데 구조가 매우 단순하다는 사실을 알아내고 서둘러 정시법을 적용한 시계들을 만들었다. 사라질 뻔했던 와도케이는 이렇게 해서 서양식 시계로 거듭났고, 실업자 신세였던 시계공들이 세운 회사에서 괘종시계를 생산해내기 시작했다. 그 결과 가격 경쟁을 무기로 일본제 시계는 순식간에 미제 시계를 몰아냈다. 1902년에는 중국과 인도, 동남아시아의 시계 시장을 일본제 시계업체들이 장악하게 될 정도였다.

이 역사적 사실에서 우리가 기억해야 할 것은 두 가지다. 자기보다 뛰어난 것에 대한 모방은 더욱 창의적인 결과를 얻기 위해 거쳐야 하는 과정이라는 것, 그리고 모방한다고 해서 다 뛰어넘을 수 있는 것이 아니라 오랫동안 축적된 힘이 있어야 한다는 사실이 그것이다. 즉 '모방의 천재'라는 일본의 신화도 축적된 오랜 기술이 없었다면 불가능했다는 것이다.

앞서 가는 사람들 중 뛰어난 사람이 너무 많다고 시도도 안 해본다면 어리석은 것이다. 누군가를 뛰어넘을 수 없다면 먼저 그 사람을 베끼는 것에서부터 시작하라. 열과 성의를 다해 베낀다면 결국 자신의 방법과 자신의 길을 찾을 수 있다. 그리고 그 지점에서 더 나은 결과물을 얻을 수 있게 된다.

자연 속에서 모방은 무수히 존재한다. 수많은 의태종(남을 따라하는 종)이 존재하는 이유다. 남을 따라해 살아남는 것은 자연의 한 부분이다.

KEY

자연의 비밀을
공유하라

꿀벌은 약하고
말벌은 강하다?

흔히들 정글을 약육강식의 법칙이 통용되는 곳이라 한다. 그리고 사회도 이러한 정글과 같으며 약육강식은 곧 승자독식으로 이해되고 있다. 그렇다면 정말 밀림이나 사바나 같은 자연에서 승자독식의 법칙이 통용되고 있을까?

결론부터 말하면 그 명제는 틀렸다. 엄밀하게 살펴보면 자연에서는 승자독식이 불가능하다. 승자독식이었다면 지구상의 생명체는 이미 사라지고 없었을 것이다. 승자독식은 분명 엄연한 자연의 법칙을 거스르는 것이고 따라서 현 사회가 승자독식으로 가고 있다면 분명히 해체될 것이다. 왜냐하면 인간 역시 살아남기 위한 생존 본능으로 지금까지 이어져온 자연의 일부기 때문이다. 잘못된 법칙이 현재 강세를 이루고 있다 해도 자연의 섭리상 본래의 질서를 따르게 되어 있다.

그 근거로 재미있는 이야기를 하나 소개하겠다.

말벌은 꿀벌과는 비교도 안 될 정도로 강하다. 말벌과 꿀벌이 먹이를 놓고 경쟁한다면 상대가 되지 않는다. 그런데 꿀벌에게 다행스럽게도 말벌과 꿀벌은 서로 다른 먹이를 구한다. 간혹 꿀을 놓고 먹이경쟁을 하기도 하지만 말이다. 그리고 말벌의 경우 성장하기 위해서는 육식이 필요하기 때문에 다른 곤충을 잡아먹기도 한다.

그런데 먹이가 귀해지면 말벌은 만만한 꿀벌을 공격한다.

말벌의 가장 손쉬운 먹잇감은 꿀벌인 것이다. 꿀벌을 먹기 위해 우선 말벌은 정찰병을 내보내 꿀벌을 찾아 나선다. 그리고 꿀벌을 발견하면 페로몬이라는 물질을 분비해 동료들을 부른다. 정찰병의 신호를 받고 수많은 말벌들이 몰려오면 이 싸움은 말할 필요도 없이 말벌의 승리다.

　말벌은 꿀벌을 공격해 포획한 다음 집게를 이용해 꿀벌을 두 동강이 낸다. 이러한 식으로 말벌 한 마리가 일 분 동안 죽이는 꿀벌의 숫자는 엄청나다고 한다. 수십 마리 정도를 일 분 내에 처리할 수 있으니 몇 십 분 안에 벌집 한 통에 사는 꿀벌들을 전멸시킬 수 있다. 그래서 양봉 농가는 말벌 퇴치에 늘 신경을 곤두세운다.

　말벌 입장에서는 꿀벌을 죽여 먹이로 삼고 꿀도 독식할 수 있는 셈이다. 그러니 꿀벌은 말벌에게 가장 좋은 먹잇감인 것이다. 말 그대로 약육강식이고 곧 승자독식이다. 그런데 정말로 말벌의 승자독식이 가능했다면 꿀벌이 살아남을 수 있었을까? 분명 꿀벌은 지금도 존재한다. 꿀벌이 당하고만 있지 않았던 것이다. 승자독식이 가능하지 않다는 증거다.

　꿀벌은 어떻게 말벌로부터 자신을 보호했을까? 물론 정면 대결은 빤한 승부였기 때문에 다른 방법을 찾았다. 속수무책으로 말벌에게 당하다간 멸종되게 생겼으므로 나름의 새로운 방법을 발견한 것이다. 말벌 정찰병이 왔을 때 놓치지 않고 공격에 들어가는 것이 그 방법이다. 나중에 말벌 무리가 오면 승산이 없다는 것을 알기 때문에 그들이 오기 전에 정찰병을 처리하기로

한 것이다. 꿀벌 중 한 마리가 먼저 순식간에 정찰병 등에 올라
탄다. 그러면 말벌은 그 놈을 털어내려고 하는데 그 순간을 놓치
지 않고 또 다른 꿀벌 한 마리가 말벌에 달라붙는다. 이런 식으
로 꿀벌들이 죽음을 각오하고 말벌에 달라붙는다. 말벌 한 마리
에 수백 마리가 달라붙으면 마치 큰 공처럼 보인다고도 한다. 이
렇게 말벌을 둘러싼 후 수백 마리의 꿀벌은 날갯짓을 하며 열을
내기 시작한다. 날갯짓을 하면 그 안에 갇혀 있는 말벌의 체온이
올라간다. 그러니까 말벌을 태워서 죽이는 것이다.

이렇게 꿀벌은 말벌의 공격에서 자신을 지켜냈다. 과연 꿀
벌은 약하고 말벌은 강하다고 할 수 있을까? 약한 꿀벌은 강한
말벌에 당할 수밖에 없다고, 약육강식과 승자독식이 가능하다고
할 수 있을까?

자연의 세계에서 독식이란 존재하지 않는다. 존재할 수가
없다. 독식이 이어지면 당하는 존재가 사라지고 결국 독식을 하
던 존재도 살아남을 수 없기 때문이다. 자연은 수십억 년 동안
이렇게 흘러오고 있다. 지구에 생명체가 존재하는 이유다. 그런
데 인간들의 세상만 독식이 허용될까? 승자가 모두 먹는 '승
자독식'이 가능하겠는가 말이다.

혼자 다 먹는 일은 자연에서는 불가능한 일이다. 인간도 자
연이다. 그러니 특별한 능력을 가졌거나 자본을 가진 일부 사람
들만 먹는 일 역시 불가능하다. '자본주의 시장에서 합법적으로
경쟁해서 얻은 것인데 무엇이 문제냐!'고 말할지도 모른다. 맞
다. 우리 인간이 정한 법으로 본다면 하자가 전혀 없다. 하지만

이 문제는 법으로 맞고 안 맞고의 문제가 아닌 것 같다.

꿀벌처럼 먹이경쟁에서 생존을 위협받는 존재는 저항한다. 그럴 수밖에 없다. 살아남아야 하기 때문이다. 꿀벌도 저항을 하는데, 하물며 인간이 저항하지 않고 당하기만 하겠는가? 여러 가지 이유 때문에 약자로 당하다가도 생존에 위협을 느끼면 법을 새로 제정해서라도 생존하려고 하는 게 인지상정이다.

대기업의 참여로 죽어가는 골목 상권을 보자. 사는 문제가 걸렸는데 사람들이 가만히 있겠는가? 하물며 아무것도 할 수 없을 것 같던 노약한 할머니들도 저항을 한다. 생존의 문제는 합법, 불법을 초월하는 것이다. 삶을 위협받는 집단이 오로지 생존본능에 따라 움직이는 것은 자연의 섭리다. 그들을 무식하고, 떼를 쓰는 떼쟁이라고 말하지 말아야 한다. 이것이 자연의 원칙이기 때문이다. 세상은 언제나 이렇게 진화를 해왔고 해나갈 것이다. 이것이 세상을 움직이는 원리다.

집단으로 사는 이유를 기억하라

정글에서는 동물들이 대개 무리를 지어 생활한다. 무리의 규모가 크고 작고의 차이는 있지만 대개가 집단생활을 하는 것이다. 홀로 생활하는 것보다 집단생활을 하는 것이 생존에 훨씬 더 도움이 된다는 것을 경험을 통해 알기 때문이다.

왜 집단생활이 생존에 도움이 되었을까? 힘이 센 놈은 그냥 혼자 사냥하는 것이 낫지 않을까? 어차피 약육강식이라면 힘센 놈이 가장 유리하니까 말이다. 그런데 현실은 그렇지 않다. 우선 약육강식이 언제나 작용되는 것이 아니다. 예를 들어 살펴보자.

강한 놈이 사냥에서 승자가 되어 독식을 해왔다 치자. 여기 까지는 문제가 없다. 그런데 자연환경이 변하면서 문제가 생긴 다. 그때의 승자가 다음번에 또 승자가 될 수 있느냐는 문제는 그리 간단하지 않다. 승자가 늘 승자가 된다는 보장은 없다. 왜 냐하면 승자가 되어 먹이를 독차지하는 동안 다른 무리들은 굶 주렸기 때문에 다음 사냥에서 목숨을 걸고 싸울 수밖에 없다. 그 때문에 지난번 승자가 강했다는 이유만으로 또다시 승자가 되리 라는 보장은 없다. 즉 승자라 하더라도 다음번 싸움의 결과를 장 담하지 못하기 때문에 늘 불안할 수밖에 없다는 것이다.

이러한 불안감이 절대 포식자의 독식에 제동을 건다. 적게 먹더라도 안전한 타협이라는 방식을 선택하게 하는 것이다. 승 자독식보단 지금 덜 먹더라도 다음을 보장받는 것이 생존에 훨 씬 유리하기 때문이다. 그래서 숫자가 다섯 마리가 되든, 열 마 리가 되든, 백 마리, 이백 마리가 되든 간에 공동으로 먹이를 구 하고, 공동으로 나누는, 타협을 하는 유전자가 살아남게 되었다. 아무리 강한 존재라 해도 처음 몇 번은 혼자 사냥해서 혼자 다 먹을 수 있더라도 매번 그럴 수 없기 때문에 작은 무리든, 큰 무 리든 무리를 지어 공동생활을 하며 함께 사냥을 하고 다 같이 나 눠 먹기 시작한 것이다.

초식동물도 마찬가지다. 수백 마리의 초식동물들이 목초지를 찾아 머나먼 여정을 떠날 때 무리와 함께 길을 찾는 것이 적으로부터 더 안전하고 더 쉽게 초지를 찾을 수 있다는 것을 경험으로 알게 되었다. 혼자 용케 목초지를 찾아내더라도 혼자 다 먹을 수는 없다. 집단생활을 하면서 다른 동료와 나눠 먹는 게 훨씬 더 이득이라는 것을 오랜 세월 동안 자연을 통해 알게 된 것이다.

과연 사람들은 예외일까? 원시시대만이 아니라 현대사회에서도 같은 원리로 돌아가고 있다. 힘 있고, 강하고, 능력 있는 자들만이 먹이를 차지하는 것이 결코 그들 자신들에게도 득이 되지 않는다는 것을 알았기 때문에 공동생활을 하게 되었다.

그런데 현대사회는 이러한 자연의 질서를 점점 더 거스르는 방향으로 가고 있다. 자유로운 경쟁 속에서 강한 자가 다 차지하는 경제 시스템으로, 즉 승자독식을 하는 사회가 되고 있는 것이다. 승자는 점점 더 유리한 위치에 오르고 다음번에도 승자가 될 확률은 더 커지고 있다. 얼핏 합법적인 자유 경쟁을 통한 승리에 무슨 문제가 있는지 반문을 제기할 수 있다. 하지만 이러한 경향이 결국 우리 모두를 불행하게 만들 것임은 자명하다. 벌써 승자가 다 먹고 패자는 먹지 못하는 양극화가 전 세계적으로 문제가 되고 있다. 오랜 세월 동안 진화해온 유전자의 본성에 위배되기 때문이다. 이러한 사회에서의 삶은 무척 위태로워진다.

어떤 사람은 "내가 공부를 잘했고, 머리가 좋았고, 부잣집에서 태어났고, 노력해서 차지하는 것인데 뭐가 문제냐?"라고 물을 것이다. 나는 이런 사람들한테 초심으로 돌아가라고 말하고 싶다. 우리가 왜 집단을 선택했는지 생각해보면 답을 찾을 수 있을 것이다. 나누는 것이 혼자 다 먹는 것보다 훨씬 안전하기 때문이다. 승자독식이 승자의 생존에도 결코 유리하지 않다는 것을 45억 년 자연을 보면 정확하게 알 수 있다.

바로 이러한 이유 때문에 우리는 집단생활을 선호한다. 혼자 사는 것이 집단생활보다 더 나았다면 굳이 집단을 이루면서 생활할 필요가 없었을 것이다. 집단생활이 가져다주는 이익이 그만큼 크기 때문이다.

집단생활을 계속 유지하려면 무엇보다 중요한 것은 배신자가 생기지 않게 하는 것이다. 집단적으로 먹이를 구하고, 집단적으로 적과 싸우고 영역을 지킨다. 만약 배신자가 있다면 집단 전체에 심각한 문제가 생길 수 있다. 이러한 행동은 집단에 엄청난 피해를 줄 수 있고 집단 자체를 아예 전멸시킬 수도 있다. 그래서 집단의 구성원은 자신이 속한 집단에 위해가 되는 행위를 용납할 수 없고, 집단의 결속에 위해를 가할 수 있는 사람들에 대해서 가차 없이 다양한 방법으로 응징을 한다.

이처럼 집단의 이름으로 행해지는 응징은 어느 집단에서나 볼 수 있다. 동물의 세계에서도 집단에 위해가 되는 녀석들이 공격을 당하는 것을 종종 볼 수가 있다. 그리고 집단 처벌은 미개한 동물의 세계에만 있는 일이 아니다. 잘 알다시피 저개발국가에서 아주 흔하게 일어나고 있는 일이다. 선진 사회에서는 집단에 위해를 가하는 사람들을 법령에 의해 용납하지 않고 있다. 결국 다 같이 생존하기 위해서다.

다 같이 생존해야 된다는 것은 우리의 본성이므로 거스를 수 없다. 한 집단의 이익이 극대해져서 나머지 집단 전체의 안녕이 위협받는 상황이 생기는 것을 우리는 본능적으로 용납할 수 없는 이유다. 이처럼 승자독식이 불가능한 자연의 질서는 우리 인간에게도 적용된다. 즉 재벌 등 1퍼센트의 집단이 부의 대부분을 차지하는 것은 사람이 집단생활을 하게 된 근본적인 이유에서 어긋난다. 그렇기 때문에 언젠가는 이런 구조가 깨지게 되어 있고, 지금 우리의 세계가 그 지점에 가까워지고 있다는 느낌이다. 그 시기가 언제가 될지 정확하게 알 수는 없지만 재벌 해체는 서서히 진행될 것이다. 우리는 생존해야 한다는 본능 때문에 살아왔다. 그 본능에 반하는 사회는 교정되기 마련이다. 안 그러면 모두가 생존하기 어려워지기 때문이다.

공동체가 가야 할 길은 공동체로 이루어 살게 된 이유에서 찾을 수 있다. 공동체는 나눠 먹기 위해, 그리하여 다 함께 생존하기 위해 시작되었다. 자신이 소속되어 있는 집단만의 욕심을 채우려고 한다면 공동체 자체가 위험해짐을 자연이 증명하고 있다. 소수의 힘 있는 자들이 대부분의 몫을 차지하는 사회는 공동체의 철학을 무시하는 방향이므로 오래가지 못한다.

자신들이 지금 다 가질 수 있다고 다른 이들과 나눠 갖지 않으면 생존에 위협을 느낀 쪽에서 저항을 하기 마련이고, 결국 가진 것을 뺏기기 마련이다. 독식하지 않고 먼저 나눠줄 때, 함께 생존하는 길을 선택할 때 우리는 다 함께 행복하게 살 수 있다.

그것이 45억 년 동안 지구가 존재하는 이유고, 자연이 우리에게 알려주는 생존 비밀이다. 자연은 절대로 독식하는 것을 용납하지 않는다.

시대가
기다리는 리더

리더는 집단생활에서 중요한 존재다. 공동체 구성원들과 그 공동체의 운명을 좌지우지할 만큼 리더의 역할은 크고 그 의무는 막중하다.

가족 단위로 무리를 지어서 생활하는 사자는 사냥을 할 땐 리더를 중심으로 협동 작전을 펼친다. 한 마리가 먼저 먹잇감을 몰아붙이면 길목에서 미리 기다리고 있던 다른 사자가 사냥의 마무리에 나선다. 그런데 그 두 마리 중에는 리더가 없다. 대부분 수사자 리더는 사냥을 하지 않는 것으로 알려져 있다.

그렇다면 우두머리 수사자는 무슨 일을 할까? 사실 겉으로 보기에는 별로 하는 일이 없다. 하지만 수사자는 아주 중요한 임무를 수행하고 있다. 다른 사자들이 자신들의 영역 안으로 들어오는 것을 막는 역할을 하는 것이다. 사자에게 자신들의 영역을 지키는 것은 아주 중요한 일이다. 영역을 지키는 것이 곧 먹이를 지키는 행위기 때문이다. 자신들의 영역 안으로 다른 사자가 들어와 먹이를 항해서 달려들면 영역 안에 있던 사자들은 생존의 위협을 느낀다. 그런데 먹잇감들은 영역을 가리지 않고 활보하기 때문에 사냥감을 쫓다 보면 영역을 넘나들게 된다. 그런데 그 영역을 차지하고 있는 입장에서도 그러한 행위는 절대 양보할 수 없다. 우두머리 수사자는 바로 이 영역을 지키는 일을 하는 것이다.

그러니까 우두머리 수사자는 혼자만 편하려고 다른 사자들을 내보내 대신 사냥을 하도록 하는 게 아니다. 자신은 늘 자신들의 영역을 목숨을 걸고 지키고 있는 것이다. 하지만 다른 사자들이 영역 싸움에 동조하지 않아도 강요하진 않는다. 그 일은 자신의 책임이기 때문이다. 반면에 먹이를 직접 구해서 새끼들을 먹여 살리는 일은 암사자의 몫이다. 이 암사자 역시 우두머리인 셈이다.

그런데 동물의 왕인 사자라 하지만 사냥은 쉽지 않다. 특히 건기가 되면 많은 사자의 무리들이 굶주려 죽곤 한다. 운 좋게 먹이 사냥에 성공하게 되면 제일 먼저 사냥의 우두머리 격인 사자가 먹고 나머지를 다른 사자들이 먹는다. 동물학자마다 약간의 의견 차이가 있지만 우두머리는 먹이의 10퍼센트에서 20퍼센트 정도만 먹고 나머지를 동료들에게 준다고 한다. 먹이 사냥에 나서지 않는 놈들에게도 먹이를 같이 먹을 수 있도록 한다는 것이다. 같은 무리에 속한 일원이면 누가 사냥한 먹이든 다 같이 나누는 것이다. 흥미로우면서도 눈여겨볼 부분이다.

사자 가족의 리더 격인 수사자와 암사자는 자신들이 나서서 영역을 지키고 먹이를 구해오며 그 먹이를 집단을 이루고 같이 생활하는 다른 사자들과 똑같이 나눈다. 리더가 만약 영역을 지키지 못하거나 먹이를 구해오지 못하면 리더로서의 자격을 상실하게 된다. 같은 집단 안의 무리들이 리더를 몰아내는 것이다. 무능한 리더를 공격해서 추방하고 새로운 리더를 세운다. 그러면 새로이 우두머리가 된 사자는 또다시 똑같은 일을 한다. 자기가 제일 일선에 나가서 먹이를 구하고 영역을 지키면서 그렇게 획득한 먹이들을 똑같이 나누어주는 것이다.

자연에서는 이러한 역할을 하는 것이 지도자다. 또 다른 재미있는 이야기를 소개하겠다.

늑대들의 리더는 어떨까? 늑대의 리더 역시 앞장서서 먹이 사냥을 떠난다. 그런데 사냥에 성공해서 먹이를 잡으면 리더 늑대는 잡은 먹이를 혼자 다 먹는다. 큰 먹이를 혼자 다 먹으려면 그 역시 보통 일이 아니다. 그래도 꾸역꾸역 다 먹고는 늑대 굴로 돌아온다. 그리고 먹었던 것을 토해내 나머지 무리들이 먹도록 한다.

늑대는 사냥을 해서 그 자리로 다른 동료를 불러 먹이를 나누어 먹을 만큼 용감하지 못하다. 먹이를 먹는 동안 피 냄새를 맡은 주위의 다른 무리들이 몰려올 수도 있고 적의 공격도 있을 수 있기 때문이다. 그래서 우두머리 혼자 얼른 먹어버리고선 동료들이 있는 곳으로 돌아와 먹은 것을 다 토해 나눠주는 것이다.

자연에서 지도자는 다른 동료들에게 먹이를 구해오라고 시키지 않는다. 지도자는 목숨을 걸고 먹이를 구해서 공동체를 이룬 구성원들에게 그것을 나눠주는 존재다. 이러한 역할을 하지 못하면 지도자는 쫓겨난다. 먹이를 구해오고 그 먹이를 나눠주는 것, 오랜 세월 동안 수많은 생명체들의 리더들이 해온 일이다.

사람들은 어떤가? 소위 스스로 사회 지도층 인사라고 하는 사람들은 무엇을 나누고 있을까? 짐승이라 해도 한 무리의 리더는 자신이 나서서 먹이를 구하고 이것을 나눈다. 우리 인간이 잘 새겨야 할 부분이다. 진정한 리더란 무리를 보살피고, 그 무리가 먹을 먹이를 구해오고, 그 먹이를 기꺼이 다 내어줄 수 있는 자다. 가진 자나 가지지 않는 자나, 병들어서 아무 일도 하지 못하는 자나, 능력이 있는 자나 없는 자나, 이 모두를 보듬을 수 있는 자연의 리더를 우리는 본받아야 한다.

특히 일부 사람들이 공동체가 나눠 가져야 하는 것들을 독식함으로써 질서가 흔들리고 있는 시점에서 이 시대가 원하고 기다리는 리더는 자신이 앞장서서 공동체의 생존과 행복을 책임지는 리더다.

그리고 리더가 갖춰야 하는 중요한 자질 중 하나가 바로 변화를 알아차리고 그 변화의 의미를 읽어내는 것이다. 변화의 숨은 뜻을 해석하지 못한다면 그 사람은 시대가 원하는 리더가 아니다. 리더, 즉 지도자는 길을 볼 줄 아는 사람이어야 한다.

사회의 변화와 의미를 읽어야지, 해당 사건만 읽을 줄 안다면 리더의 책임을 다할 수 없다. 사건 자체를 읽으려 하지 말고 어떤 사건의 의미를 읽어라. 사람들이 왜 싸이에 열광하는지, 왜 뉴욕 월 스트리트 부근에서 시위가 일어나고, 왜 그 시위가 세계 여러 나라로 확산되었는지, 1퍼센트와 99퍼센트가 대변하는 것의 의미는 무엇인지 정확하게 읽어내야 하는 것이 리더다.

나는 세상 사람 누구나가 리더가 되어야 한다고 생각한다. 자신이 잘하고 좋아하는 일의 분야에서 열심히 살아온 사람이라면 누구든지 리더다. 그래서 그 길을 걷고자 하는 다른 사람들이 그 길을 잘 갈 수 있도록 도와줄 수 있는 사람이 리더다. 왜 사업에만, 정치에만 리더가 있다고 생각해야 하는 건가? 왜 그런 사람들만 우리 사회의 리더라고 생각해야 하는 건가? 우리는 모두 리더가 될 수 있다.

만약 내가 자동차에 관해서 누구에게 뒤지지 않을 만큼 많이 알고 좋아하는 자동차광이라면, 자동차에 대해 자세히 알고 싶은 사람에게는 내가 리더가 될 수 있다. 다양한 분야에서 다양한 리더가 나와야 하는 것이다. 정치나 경제 등 몇몇 분야의 사람들만 리더가 되는 사회는 지양해야 한다.

그래서 청년멘토소사이어티를 시작한 것이다. 우리의 청년들 모두가 멘토가 되기를 바라고, 또한 될 수 있다는 믿음에서 그렇게 정한 것이다. 더 나아가 세상의 모든 사람들이 멘토가 되어야 한다. 자신의 길을 찾고 자신의 꿈을 이루고, 그 다음에는 자신과 유사한 꿈을 갖고 사는 사람들에게 등대가 되어 앞길을 비추는 리더가 되어야 한다.

그리고 리더는 타인을 위해 희생할 수 있는 사람이어야 한다. 사냥을 할 수 있는 능력을 가지고 있다면 사냥을 해서 자신 혼자 다 차지하는 것이 아니라 여러 가지 사정으로 사냥을 못하는 일원에게 나눠줄 줄 아는, 희생을 마다하지 않는 사람이 진짜 리더다.

청년멘토소사이어티를 하면서 한 명이라도 더 많은 청년들과 소통하고자 하는 것은 그들에게 자연의 법칙을 소개하고 싶기 때문이다. 내가 특별히 잘나서가 아니라 자연이 우리에게 주는 선물을 먼저 발견한 사람으로서 다른 사람에게 그 선물을 전달하는 것을 의무라 생각하기 때문이다.

그러면서 나는 감을 발달시키기 위해, 길을 제대로 찾기 위해 노력을 멈추지 않는다. 혹시나 내 판단이 틀리면 나를 믿고 함께 가고 있는 사람들을 낭떠러지로 끌고 갈 수도 있다는 자각에 더욱 노력하는 것이다. 세상을 정확하게 읽기 위해 끊임없이 연습을 하는 것이다.

사업가로서의 삶을 바쁘게 이어가게 되면서 나는 고민에 빠졌다. 사업을 좀 더 키워보려고 집중하는 자신을 보면서 돈을 많이 버는 것이 내 목표인지, 청년들이 세상을 보는 힘을 기를 수 있도록 돕는 것이 목표인지 갈등하게 된 것이다. 돈을 많이 벌면 직원들을 비롯해 청년들에게 또 그만큼 더 많이 나눠줄 수 있게 되니 좋다는 생각도 들었다. 하지만 그 일에 집중하면 청년들에게 자연의 법칙을 소개하고, 세상을 보는 눈을 기를 수 있도록 돕는 역할은 줄어들 것이라는 걱정이 든 것이었다.

그러다가 나는 초심으로 돌아가기로 했다. 내가 밥장사를 시작한 이유는 자연의 법칙을 소개하는 데 필요한 자금을 구하고, 더 많은 청년들에게 기회를 주기 위해서였다. 그런데 사업가로서의 역할에만 충실한 채 청년들에게 먹이를 나눠줄 생각만

하는 것은 내 처음의 의도와 맞지 않는 것 같았다. 내가 해야 할 일은 먹이를 잡아 나눠주는 것이 아니라 청년들이 먹이 잡는 방법을 스스로 찾아낼 수 있도록 돕는 것이었다.

내가 진화의학 전파에 집중하고 싶은 이유는 더 많은 청년들이 시대가 기다리는 리더가 되길 바라기 때문이다. 사람들을 자신들이 가야 할 길로 이끄는 사람, 그 길을 아는 사람, 그런 지도자가 필요한 시대다.

레스토랑을 통해서, 그리고 청년멘토소사이어티를 통해서 한 명이라도 더 많은 청년들에게 자연의 법칙을 소개할 수 있었으면 한다. 그리하여 그들이 자신의 꿈을 이루는 길을 찾고 그 길에 집중했으면 한다. 그래서 그들이 결국 성공하게 되면 자신의 꿈을 찾고 싶어 하는 또 다른 후배들을 올바른 길로 인도할 수 있는 진정한 리더가 되기를 바란다. 그렇게만 된다면 나는 무척 행복할 것이다.

우리 모두 자연이 알려주는 비밀을 공유하자. 그래서 함께 나누는 행복한 세상을 만들어나가자.